Eva Neumayer

Auf der Suche nach der verlorenen Kindheit

Melk in den Kriegsjahren – gesehen mit Kinderaugen

Melk, im Herbst 2007

Geschehen, aber nicht vergessen

Copyright © Eva Neumayer

ISBN-978-3-9502432-1-5
Herstellung und Verlag:
verlag werner koch- bildundpixel
spitzweg 6, A-8054 gedersberg
www.bildundpixel.at

Als 2005 die große Kriegs-Aufarbeitungsmaschinerie auf vollen Touren lief, wurde ich angesprochen, ob ich nicht auch meine „Memoiren" schreiben wolle.

Sehr gerne. Aber nicht als Teil einer großen Inszenierung. Denn wie wir alle erlebt haben, begann mit dem Ende der hochsubventionierten Aufarbeitungs-Events bereits die nächste Phase des Vergessens.

Das vorliegende Buch erzählt einige Episoden aus dem Leben eines kleinen Mädchens in den Jahren des schrecklichen Krieges. Es war nicht alles schlimm, es gab auch während des Krieges lustige Episoden zu erleben. Aber viel stärker eingeprägt haben sich all die schrecklichen Dinge, die der Krieg mit sich gebracht hat. Heute, mehr als 60 Jahre nach den Ereignissen, will ich meinen Kindern und Enkelkindern erzählen, wie brutal ein Kind den Alltag dieses Krieges erlebt hat.

Wenn nur ein Politiker, General - oder sonst jemand, der sich berufen fühlt, die Entscheidungsgewalt über Leben und Tod anderer Menschen zu haben – nach der Lektüre dieses Buches zum Entschluss kommt: „Schon alleine unserer Kinder wegen darf es nie mehr Krieg geben!", dann war die Zeit, die ich in die Realisierung investiert habe, nicht vergebens.

Ein großes Dankeschön an meinen Mann, der mich immer wieder ermuntert hat weiter zuschreiben und an meinen Sohn Markus, der viel Zeit mit dem Redigieren verbracht hat.

1	Unsere Nachbarn
2	Die Binder-Kinder
3	Über die Staoridschn
4	Großl
5	Meine große Freundin Doris
6	Ernte-Ferien
7	Die Dose Sardinen
8	Sepp und Hermann
9	Urgroßmutter Theresia
10	Urgroßmutter erzählt
11	Die sieben Geißlein wie meine Mutter sie erzählte
12	Ostern
13	Vater hat Urlaub
14	Die Preußen sind in Melk
15	Onkel Willi
16	Das Hitlerbild
17	Der Storchenzucker
18	Es brennt
19	Eine Weihnachtsgeschichte
20	Zwei Mal Zug der Hoffnungslosigkeit
21	Der Fliegerangriff
22	Die Torte
23	Kochrezepte
24	Alltag im Luftschutzkeller
25	Die dicke Lisl
26	Bruder Krampus
27	Die Vanillekipferl

28	Wieder Weihnachten ohne Vati
29	Der Uller
30	Tiefflieger
31	Das Lazarett
32	Im Stift
33	Heinz, der Sargtischler
34	Der Küchendragoner
35	Kreisleiter Reindl
36	Die Flucht
37	Die Soldaten der Roten Armee
38	Wir sind wieder daheim
39	Die Familie ist wieder zusammen
40	Die Reithners

Für meine Kinder

Für meine Enkelkinder

Für alle Kinder dieser Welt

In Liebe und Dankbarkeit meinen Eltern Hermine und Leopold Vitecek und meinem Bruder Leopold „Burschl" Vitecek gewidmet.

Der Reinerlös aus dem Verkauf dieses Buches kommt der Organisation "Ärzte ohne Grenzen" zugute.

1 Unsere Nachbarn

1940 zog Familie Pischinger mit zwei Buben in das Wohnhaus der Gemeinde ein, in dem auch wir wohnten. Fredl war etwas jünger als Leo und Gerhard war gerade erst geboren worden. Frau Pischinger hatte durch eine Krankheit einen Fuß verloren und war heilfroh, dass sich Mutti viel um den kleinen Gerhard kümmerte.
Mit dieser Familie unternahmen wir so manchen Sonntagsausflug in die Ortschaften der näheren Umgebung.

Leo, Mama, Frau Pischinger, „Pflichtjahr-Mädchen" Mizzi (hinten v.l.) Gerhard Pischinger, ich (v.l.).

Die beiden Frauen verbanden das Angenehme mit dem Nützlichen. Im Wirtshaus der Frau Zeilinger (später Gasthaus Berger in Winden) bekamen wir jedes Mal ein großes Butterbrot und ein Häferl Milch, ohne Lebensmittelmarken. Außerdem konnten die zwei Damen in den Bauernhöfen um Eier und Milch bitten. Einmal hätte eine Bäuerin fast zu weinen begonnen, als sie meine Mutter um Eier fragte. Sie würde uns ja gerne etwas geben, hatte sie gemeint, aber sie hätten selbst nicht genug zu essen. Nicht ein Ei hätte sie mehr, weil sie so viel an die offiziellen Stellen abliefern müsse. Natürlich gingen wir mit langen Gesichtern weg. Ein paar Tage später stürzte die gute Frau mit ihrem Fahrrad. Alle Eier, die sie in ihrem Korb mitgeführt hatte, waren zerbrochen. Die hätte sie in der Hoffnung auf Vergünstigungen den so genannten besseren Leuten zugedacht gehabt. Die Schadenfreude der beiden Frauen war dementsprechend groß.

2 *Die Binder-Kinder*

Karli und Christl waren die Kinder von Mutters Freundin. Christl war meine Flascherl – Schwester. Zeitig in der Früh, wenn ihre Mutter zu anderen Leuten waschen ging, wurde Christl zu uns in die Wohnung gesteckt. Bei mir im Bett schliefen wir Kinder dann eng aneinander gekuschelt weiter. Die Grießbreiflascherl, die meine Mama uns am Morgen zubereitete, nuckelten wir um die Wette aus.
Christls Vater war schon bald nach Kriegsbeginn gefallen. Ihre Mutter war vom vielen Wäsche-Waschen bei fremden Leuten krank geworden - Gelenksentzündung lautete die Diagnose. Ein Aufenthalt im Krankenhaus war unumgänglich. Wohin aber mit den Kindern? Karli kam zu uns und Christl zu ihrer Tante Resi nach Klein Pöchlarn. Sie war so stolz, in ihrem altrosa gestrickten Anzug und ihrer Puppe im Arm. So stand sie reisefertig vor mir und plapperte nur von ihrer Tante „Lesi".
Karli war ein wilder Kerl. Mutter hatte alle Hände voll zu tun, um ihn zu bändigen. Als einmal Arbeiter der Gemeinde in unserem Haus Reparaturen durchführten, steckte er die Bohrmaschine an und bohrte Löcher in die Erde. Das Ergebnis war ein Kurzschluss. Die Maschine war kaputt und sämtliche Sicherungen auch.
In der Nähe unseres Miethauses wohnte Herr Böschl, ein ehemaliger Briefträger. Dank der intensiven Pflege sah sein Garten immer piekfein aus. Herr Böschl lebte zurückgezogen. Gerade deshalb war er für uns Kinder immer wieder Ziel unserer Hänseleien, die ihn immer so schön zornig machten. Mutter meinte dann, man müsste

ihn verstehen. Sein einziger Sohn war eingerückt und seine Frau schon lange tot.

An einem Nachmittag waren wir Kinder unterwegs um Blumen zu pflücken. Karli nahm Pusteblumen (abgeblühter Löwenzahn), lief zum Herrn Böschls Gartentüre und pustete all den Samen (Fallschirme) in dessen Garten.

Herr Böschl kam wütend angerannt. Schreiend liefen wir auseinander. Aber nicht uns wollte er am Krawattl, nein, Karli war das erklärte Ziel seines Zornes. Er stampfte hinter ihm her und schrie immer wieder: „Wie heißt du denn, wie heißt du denn?" In einer Verschnaufpause drehte sich Karli um und rief: „ Sesslmoartaul, Sesslmoartaul (Sesselmairer Anton). Dann musste er aber schnell wieder das Weite suchen, denn Herr B. war trotz seines Alters noch sehr flink.

Karli lief so schnell er nur konnte. Meine Mutter hatte den Lärm gehört und kam uns bei der Wohnungstür entgegen und Karli konnte gerade noch an ihr vorbei in die Wohnung huschen. Kaum war er drinnen verschwunden, schnaufte auch schon Herr Böschl die Stufen herauf. Mit hochrotem Gesicht – sogar unter seiner Stoppelglatze leuchtete es rot hervor – forderte er die „Auslieferung" des Übertäters. Der – so jedenfalls die Meinung von Herrn Böschl – hätte sich ein paar Fotzen (Ohrfeigen) redlich verdient. Meine Mutter musste ihre ganze Überredungskunst aufbringen, um dem tobenden Nachbarn zu beruhigen und versprach ihm, dass wir Kinder das nicht mehr machen würden. Schließlich zog er doch ab, ohne Karli den Hosenboden versohlt zu haben. Und wir trauten uns nie mehr seinen Garten mit Pusteblumen anzugreifen.

*Meine Flascherl-Schwester,
die Binder Christl (l.) und ich*

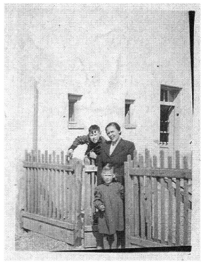

*Vor dem Eingang unseres
Mietshauses am Fuße des
Kasernberges*

*Mama, Karli, Frau Binder (hinten v.l.)
ich und Christl (vorne, v.l.)*

3 Über die Staoritschn

Im Krieg war es üblich, dass die Frauen hamstern gingen, um ihre Familien über die Runden zu bringen. Sie ging zu den Bauern der Umgebung und baten um Lebensmittel wie Milch, Brot und Eier. Die streng rationierten Grundnahrungsmittel, die man über Lebensmittelkarten beziehen konnte, reichten bei weitem nicht aus, um einen halbwüchsigen Jungen im Alter meines Bruders satt zu bekommen. Auch meine Mutter war gezwungen, hamstern zu gehen.

Die Hub ist eine kleine Ortschaft in der Nähe meiner Heimatstadt Melk. Dort bewirtschaftete ein Schulfreund meines Großvaters mit seiner Familie einen Bauernhof. Die Familie Reithner hat meine Mutter in diesen schweren Tagen, wo sie nur konnte, unterstützt und so war der Hof auf der Hub regelmäßiges Ziel sonntäglicher Ausflüge. Dort bekamen wir dann oft einen Liter Milch, manches Mal ein paar Eier und wenn es hoch herging auch ein Stück Geselchtes.

Um auf die Hub zu kommen, war zunächst ein mehr als einstündiger Fußmarsch angesagt. Für meine kleinen Füße gab es nichts Schlimmeres, als das letzte Stück über die sogenannte Stoanritschn. Viele Jahre später hat mir meine Mutter einmal gestanden, dass sie vor diesem holprigen und felsigen Weg ebensolche Angst hatte wie ich.

Alle paar Schritte blieb ich stehen, weinte und raunzte: „Ist es noch weit?" Ich wusste zwar, dass wir es fast geschafft hatten, wenn sich der Wald lichtete, aber bis dahin war ich schon so müde, dass ich wirklich nicht weitergehen wollte. Und dann noch die Kommentare meines Bruders, der immer den starken Mann markieren musste: „Des Mensch soll net so an Zirkus machen und endlich weiter geh´n". Wir waren beide unausstehlich und haben unserer Mutter den Weg auf die Hub bestimmt nie leicht gemacht.

Leo und ich beim Heumachen in der Ofenschüssel

Wieder einmal war Sonntag und wir machten uns für unseren langen „Hatscher" auf die Hub bereit. Leo hatte mir schon zu Hause mit einer Ohrfeige gedroht, wenn ich wieder raunzen und blöd sein würde. Das konnte ich nicht auf mir sitzen lassen. Es gab eine ordentliche Streiterei, bis meine Mutter ein Machtwort sprach. Also gingen wir los. Ich an der Hand meiner Mutter, die viele Geschichten aus ihrer Jugend erzählte, um mich abzulenken.

Da flog vor uns ein kleiner Vogel auf. „Wisst ihr, warum das Vogerl bunte Federn hat?", fragte Mama. Keiner von uns Kindern hatte eine Ahnung. Und so begann Mama zu erzählen: *„Als der liebe Gott die Welt erschaffen hat, war alles grau. Das kann ich nicht so lassen, sagte er, setzte sich nieder und dachte nach. Auf seiner Stirn zeigten sich dicke Sorgenfalten. Plötzlich wurde das Angesicht des Lieben Gott heiter. Er rief nach seinen Engeln und flüsterte ihnen etwas ins Ohr. Flugs flogen sie weg und schleppten nach kurzer Zeit große, schwere Farbtöpfe heran. Nun musste sich alles, was der liebe Gott geschaffen hatte, in Reih und Glied aufstellen. Jedes Lebewesen bekam seine Farbe. Die Tiere gedämpft und dunkle Farben, damit sie sich der Natur anpassen konnten, die Blumen und Bäume helle und fröhliche Farben. Und so tupften und malte der Liebe Gott den ganzen Tag. Es war schon dunkel, als er mit seiner Arbeit fertig war. Und weil schon alle Farbtöpfe leer waren, legte er den Pinsel weg. Da vernahm er plötzlich neben sich ein aufgeregtes Gepiepse: Ein kleiner grauer Vogel flatterte auf sein Knie und bat um ein schönes Federkleid. Ganz verzweifelt, weil er den kleinen Piepmatz vergessen hatte, nahm der Liebe Gott seinen*

Pinsel nochmals zur Hand. Aus allen Farbtöpfe kratzte er die Reste zusammen und kleckste den kleinen Kerl all die bunten Farbreste auf seine Federn. Als die Arbeit getan war, freuten sich beide: Der Liebe Gott, weil er dem Vöglein helfen konnte und der Vogel, weil er ein so buntes Federkleid erhalten hatte. Das Vögelchen bedankte sich und flog glücklich davon."

Ich hatte vom Zuhören nicht bemerkt, dass wir den steilen und felsigen Weg längst hinter uns gelassen hatten und uns bereits den Bauernhof näherten. Kaum angekommen fragte ich Reserl, die Tochter der Familie, ob auch sie die Geschichte vom Diestelfink, von dem die Geschichte handelt, kenne.

Unsere Mütter waren nicht nur Genies, was das Organisieren von Nahrungsmitteln betraf. Auch für die kleinen Alltagssorgen der Kinder hatten sie immer eine Lösung parat.

4 Großl

Meine Großmutter wohnte in Hainburg. Wir hatten leider nie viel Kontakt zu ihr. Doch wenn mein Vater auf Urlaub nach Hause kam, statteten wir ihr meist einen Besuch ab. Dann bekamen Leo und ich auch immer Geld von ihr zugesteckt.

Wieder einmal, wir kamen aus Grußbach im heutigen heute Tschechien, waren wir bei Großl zu Besuch. Nach dem Abendessen machte sie sich umständlich an ihrer Kredenz zu schaffen. Sie zog die Lade auf und holte ihr Geldbörsel heraus. „So", dachte ich, „ jetzt gibt es Geld." Richtig, Großmutter gab meinem Bruder einen 20 Markschein und steckte das Börsel in ihre Schürzentasche. Ich wurde unruhig, schaute verdutzt von einem zum anderen. Nichts geschah. Sollte ich leer ausgehen? Also nahm ich meinen ganzen Mut zusammen, nahm meine Geldtasche, ging zu der alten Dame und sagte: „Schau Großl, ich habe aber auch ein Geldbörserl." Sie lachte, zückte noch einmal ihr Geldbörsel und so waren auch meine Finanzen wieder in Ordnung.

Eines Abends, wir saßen rund um den Küchentisch, erzählte sie meiner Mutter von einem allabendlichen Ritual. Jeden Tag, wenn es Zeit zum Schlafengehen war, bekam sie Schluckauf. Das war für sie das Zeichen, ganz besonders intensiv an ihre Söhne, die alle im Krieg waren, zu denken. Zuerst begrüßte sie den jüngsten: „Griaß di God, Hansl". Dann dachte sie eine Weile nur an ihn. Als nächstes war Sohn Karl an der Reihe und

auch für meinen Vater blieben noch genügend Gedanken übrig: „Griaß di Poidl, wia geht's da denn?"
Dann betete sie noch und bat den Herrgott inständig, dass er ihre Buben beschützen möge. Dann erst konnte meine Großl beruhigt einschlafen.

Leo, ich und Lady in Krusbach

Meine Großmutter, die „Großl", Franziska Vitecek

5   Meine große Freundin Doris

Melk war, so wie heute, auch im Krieg Garnisonsstadt. Wir wohnten am Fuße der Prinzlstraße (heute Prinzlstraße 13) also ganz nahe an der Kaserne. Zu Beginn des 2. Weltkrieges war Major Dr. Johannes Schulz Kommandant der Melker Pioniere. Er war in die Ostmark, so hieß Österreich damals, versetzt worden und hatte seine Familie mitgebracht. Doris (eigentlich Dorothee) und Richard waren seine Kinder. Richard war ein aufgeweckter Kerl. Er war der Freund meines Bruders und so mancher Streich ging auf ihr Konto.
Doris war ein „Deutsches Mädchen" und ich himmelte die junge Dame an. Sie war um zehn Jahre älter als ich. Wo immer ich sie zu Gesicht bekam, rief ich laut: „Doris, Doris", und lief hinter ihr her - sehr zum Ärgernis meiner Mutter, die mir einreden wollte, ich müsste Fräulein Doris sagen.
Man denke, ich war gerade fünf Jahre alt und spielte wie alle Kinder gerne im Dreck, war staubig und nach dem Kuchenbacken mit Lehm hatte ich klebrige und verschmierte Hände. Ich war Meister im Brotbacken und oft so vertieft in meiner Kinderwelt, dass ich nicht hörte, wenn Mutti nach mir rief. Aber Doris übersah ich nie. Mit der Zeit hatten sich unsere Begegnungen ritualisiert: Wenn sie nach der Schule mit federnden Schritten das Offizierswegerl heraufkam, läutete meine kindliche „Alarmglocke". Doris kam immer im Dirndlkleid. Dreckig und zerzaust wie ich war, kletterte ich den Hang hinauf. Wenn sie mich sah, blieb auch sie stehen und wartete auf mich. Meine Hand schob sich in die ihre, ich durfte sie bis zum Türl begleiten. Dort sagte Doris: „Jetzt musst du nach Hause gehen." Sie ließ meine Hand los

und ich rannte das Wegerl hinunter. Ich hatte doch noch viel Arbeit in meiner Dreckspielküche. Viele Jahre später habe ich Doris wieder getroffen. Wir sind beide im reifen Alter. Sie konnte sich anfangs an das kleine dreckige Mädchen nicht erinnern. Nach einigen „Gedächtnisstützen" haben wir dort anknüpfen, wo uns das Ende des 2. Weltkrieges getrennt hatte.

Meine große Freundin
Dorothee „Doris" Kleinmann

6 *Ernte-Ferien*

Die Kartoffel-Ferien, während der die Schulkinder im Oktober frei hatten, um bei der Ernte zu helfen, verbrachten wir bei den Reithners auf der Hub. War einmal viel Arbeit am Bauernhof, ging meine Mutter der Reithnerin zur Hand - ganz egal ob Fisolen oder Fleisch eingelegt oder das Heu eingebracht werden musste. Auch Näharbeiten erledigte Mutti für die befreundete Familie gerne. Dafür wurden wir mit lebenswichtigen Lebensmitteln versorgt.

Für ein Kind von knapp sieben Jahren war die Arbeit anstrengend, aber ich fühlte mich geborgen und freute mich, wenn nach der Ernte das Tauschert (das verdorrte Erdäpfelkraut) abgeheizt wurde. Dann gab´s die besten gebratenen Erdäpfeln, die man sich vorstellen kann.

Einmal während der Ernte schlief ich auf dem großen Leiterwagen ein. Leo löste in einem unbeobachteten Augenblick die Bremsen und schon begann der Wagen zu rollen. Durch das Gerüttel wurde ich wach und sah noch, wie Herr Reithner neben dem Fahrzeug herlief und alle Mühe hatte, die Bremsen wieder anzuziehen.

Die Schelte, die Leo von ihm dafür erhielt, war nicht von schlechten Eltern.

Mein großer Bruder Leo und ich

7 *Die Dose Sardinen*

Vaters Kompanie war - wie es in der Diktion der Militärs heißt - „aufgerieben". Im Klartext heißt es, dass von einer stattlichen Anzahl von Männern, die man in den Krieg geschickt hatte, die meisten den „Heldentod" gestorben waren. Dass sie ihr Leben für „Führer, Volk und Vaterland" gegeben hatten, war den trauernden Hinterbliebenen meist nur wenig Trost. Für die waren ihre Männer, Väter und Söhne schlicht und einfach tot. Aus den übriggebliebenen Soldaten der vielen „aufgeriebenen" Kompanien wurden neue Truppen zusammengestellt.
So wurde auch die Einheit meines Vaters - nach besagter Aufreibung - nach Frankreich abkommandiert. Dort mussten sich die Männer, die an die Entbehrungen der Front gewöhnt waren, vorkommen, wie Gott in Frankreich. Heute weiß ich, dass sich die Gedanken unseres Vaters immer um uns drehten. So oft er konnte, schickte er - verbotenerweise - ein Paket aus Frankreich in die Heimat.
Eines Tages, es war im Juli, kam wieder so ein Paket aus Frankreich. Was es alles enthielt, weiß ich nicht mehr. Nur an eines kann ich mich erinnern: Eine Dose Sardinen war auch drinnen. Da es im Krieg solche Delikatessen nicht gab, beschlossen wir, die Dose für das Weihnachtsfest aufzubewahren. Fein säuberlich wurde die Sardinendose in der Speis (Speisekammer) verwahrt. Dort lag sie dann und wartete darauf, dass wir sie endlich öffnen würden.
Unsere Geduld wurde auf eine harte Probe gestellt. Eines Tages konnte sie Mutter in letzter Minute vor Leos Heißhunger retten. Daraufhin wanderte die Dose auf den

Schlafzimmerkasten, damit „ihr nicht in Versuchung geführt werdet", meinte meine Mutter.
Die Tage wurden kürzer und die Kälte kroch wieder in unsere Stube. Weil wir nur eine geringe Menge Heizmaterial zugewiesen bekamen, konnten wir nur die Küche heizen. Mutter saß dann am warmen Ofen und strickte für die Soldaten Ohrschützer und Fäustlinge.
Ab und zu rückte ich den Sessel zum Kasten, stieg hinauf und griff die Dose an. Der Inhalt war für mich gar nicht so wichtig. Die Sardinenbüchse war für mich eine beinahe sakraler Gegenstand. Wenn ich sie anfasste, dachte ich daran, dass auch Vati sie in den Händen gehalten hatte und dann war ich ihm ganz nah.
Heiliger Abend. Wir saßen rund um den Tisch. Doch die Stimmung war gedrückt, weil Vati wieder keinen Urlaub bekommen hatte. Da sprang mein Bruder plötzlich auf: „Wir haben etwas vergessen", rief er, stürzte ins Schlafzimmer und kam triumphierend mit der Dose Sardinen zurück. Wie hatten wir sie nur vergessen können? Fein säuberlich wurde der Deckel aufgerollt, jeder bekam seinen Anteil von dem Fisch und so war auch unser Vater ganz nahe bei uns – wenn auch nur in Form einer Dose Sardinen.

8 Sepp und Hermann

Meine beiden Onkel waren mir wie Brüder. Sie lebten nach dem frühen Tod meiner Großmutter in unserer Familie. Die beiden jungen Onkel hinterließen bei mir einen so tiefen Eindruck, dass ich mit meiner Freundin Christl, „Sepp und Hermann" spielte. Sie waren für mich der Inbegriff von Soldatentum.
Als Dreijährige machte mir es das größte Vergnügen, wenn die „Buben" mit mir „Bäckerlaberl" schupften. Es war ein herrliches Spiel: Einer nahm mich hoch, ich rollte mich zusammen und schon flog ich zum Entsetzen meiner Mutter quer durch den Raum zum anderen Onkel. Dabei quietschte ich vor Vergnügen und war enttäuscht, wenn das Spiel zu Ende war.

Hermann Wiesmayr

Josef „Sepp" Wiesmayr

Hermann, der jüngere der beiden Brüder, war mit seinen 17 Jahren der jüngste Soldat in der Kaserne. Ich glaube, er hatte sich damals freiwillig gemeldet. Nach Großmutters Tod hatte sich ihr Vater wenig um seine Söhne gekümmert. Hermann war der freundlichere, der spaßige, immer bereit, bei jedem Unsinn mit zu machen. Wenn Onkel Hermann Urlaub hatte, hatte ich Feiertag. Wie ein kleines Kätzchen umschnurrte ich ihm, wusste ich doch, dass er ein Geschenk für mich dabei hatte. Einmal brachte er mir nilgrüne Patschen mit. Ich war so verliebt in die Patschen, dass ich sogar heimlich damit ins Bett schlafen ging.
Sepp war der ruhige, der die Gabe hatte, alles, was er sich vorgenommen hatte, durchzusetzen. Er war der Taufpate meines Bruders und ihm sehr zugetan. Im Krieg war er „Bordfunker bei den Fliegern" und konnte uns mit seinen Erzählungen so richtig begeistern. Ich kannte viele Namen von Piloten der beiden Weltkriege. Manfred von Richthofen, der rote Baron, Ernst Udet und wie sie alle hießen. Er erklärte alles so einfach: Steuerknüppel hinauf – und du kannst die Mühle hochziehen. Drückst du ihn nach unten, geht die Nase hinunter. Eine seiner Lieblingsgeschichten war jene, als er abgeschossen wurde und mit dem Fallschirm abspringen musste. Da saßen wir dann da, hörten ihm aufmerksam zu und vergaßen beinahe darauf, den Mund vor lauter Staunen zuzumachen.

Einer der vielen Briefe von Hermann an meine Eltern

9   Urgroßmutter Theresia

Auch in den Kriegsjahren genossen wir Kinder die Schulferien. Kaum war der Unterricht vorbei, fuhr Mutter mit uns in ihren Heimatort, nach Ysper. Dort lebte meine Urgroßmutter mit ihrem Kater Peterl. Das arme Tier hatte offensichtlich keine gute Meinung von mir, denn sobald er mich sah, ergriff er die Flucht. Für uns Kinder waren die Ferien in Ysper immer eine schöne Zeit. Hier auf dem Land konnten wir tolle Abenteuer erleben, der Krieg war weit weg und vor allem hatten wir genug zu essen.

Für mich war meine Urgroßmutter mit ihren 66 Jahren damals eine uralte Frau. Mit langsamen, trippelnden Schritten kam sie uns entgegen, wenn wir mit dem Autobus in Ysper ankamen. Sie war nicht sehr gesprächig, aber sie muss meine Mutter sehr gern gehabt haben. Einmal hörte ich sie sagen: „Minnerl, ich bin so froh, wenn du da bist." Urgroßmutter lebte schon einige Jahre allein. Jeden Tag ging sie in die Kirche und verehrte ihre Namenspatronin, die heilige Theresia. Mein Urgroßvater war 1938 gestorben und auch drei ihrer fünf Kinder waren bereits tot. Heute denke ich, dass sie eine einsame Frau gewesen sein muss.

Eines Nachmittags ging sie mit uns in den Markt einkaufen. Sie trippelte neben uns her, da erregte ein Herr die ganze Aufmerksamkeit der alten Frau. Sie strich sich über die Schürze als wollte sie sich schön machen und sprach im Flüsterton zu uns: „Da kommt der Herr Oberlehrer. Müsst´s schön Heil Hitler grüßen". Der Oberlehrer kam eilenden Schrittes auf uns zu. Großmutter muss sehr nervös gewesen sein, denn in einem so kleinen Ort war der Oberlehrer eine hoch angesehene Persönlichkeit. Sie hob die Hand zum deutschen Gruß, blickte an der imposanten Gestalt hinauf und da passierte es. Anstatt im Namen des Führers zu grüßen, verwendete sie die so lange gewohnte Grußformel eines noch Höheren: „Grüß Gott, Herr Oberlehrer", sagte sie freundlich, während die rechte Hand weit ausladend in die Höhe gestreckt war. Sogleich erschrak sie ob ihres 1000- jährige Reich-Frevels wohl selbst am meisten. Der so Gegrüßte sah Großmutter und uns bitterböse an und mit einem forschen „Heil Hitler" eilte er an uns vorbei.

Bäcker Netters Gebäck war besonders gut. Zum Nachmittagskaffee, der eigentlich aus Ersatzkaffee und fünf geriebenen Kaffeebohnen als Geschmacksverstärker bestand, musste ich jeden Tag „Polsterzipf", eine besondere Kreation des Ysperer Bäckers, von dort holen. Urgroßmutter gab mir das Geld, die Tasche und - sehr wichtig - die Lebensmittelkarte. Und jeden Tag das gleiche Ritual: Kaum hatte ich die Türschnalle in der Hand, rief die alte Dame mit nach: „Owa gröwe die Polsterzipf net aun!" Sie meinte damit, dass ich das Gebäck nicht unnötig oft anfassen sollte. Davor hatte sie offensichtlich sehr große Angst. Denn auch zum Heidelbeerpflücken, für das ich ein eigenes Glas von ihr bekam, gab sie mir den wohlgemeinten Ratschlag mit - oder war es vielleicht doch eher flehentliches Ersuchen -, die Früchte mit meinen kleinen Händen nicht zu sehr abzutapsen. Denn um in ihren Augen bestehen zu können, mussten ihre „Hoawa" (Heidelbeeren) noch einen „Reim", den typisch weißgrauen Schimmer über den Beeren, haben.

Wie schon erwähnt, musste meine Urgroßmutter meine Mutter sehr gern gehabt haben. Ich könnte mir nicht erklären, warum sie sich sonst über unseren Besuch gefreut haben soll. Denn mit dem kleinen aufgeweckten Mädchen hatte sie bestimmt weniger Freude. Ich erinnere mich, dass sie einen wunderschönen Scherm (Nachttopf) hatte. Er war emailiert und mit vielen bunten Blumenmotiven bemalt. Da es in ihrem Haus aber nur ein Plumpsklo gab und meine Mutter immer Angst hatte, ich würde da hineinfallen, musste ich mit meinen sechs Jahren noch immer Urgroßmutters Scherm benutzen. Eines Tages saß ich auf dem nämlichen vor dem Haus, da hörte ich auf der Straße Lärm. Schnell rutschte ich mitsamt dem Scherm zur Gartentüre. Dass der Weg dorthin mit gebrochenen Granitsteinen gestreut war, hat dem Nachttopf gar nicht gut getan. Der Boden war total zerkratzt, dem restlichen Scherm fehlte die Glasur und darüber hinaus war er völlig verbeult. Mit einem Wort: er war unmöglich noch zu gebrauchen. Aber wie gesagt: Die „Großmuatta" muss meine Mutter sehr gern gehabt haben.

Urgroßmutter
Theresia Jank aus Ysper

10 Urgroßmutter erzählt

Gebote wurden von meiner Großelterngeneration noch als ausschließlich gottgegeben angesehen und daher überaus ernst genommen. Das Ahnden von Verstößen gegen diese Gesetzte wurde als legitim erachtet. Im Waldviertel hat man sich lange an Traditionen erinnert und die uralten Mythen erzählt. Heute macht eine ganze Tourismusindustrie das mystische Waldviertel zum alternativen Ausflugsziel. Das Überlieferte war nicht schlecht. Es war in Gleichnisse und symbolhafte Handlungen verpackt - wie man das auch aus den Ursprüngen der katholischen Lehre kennt -, die den Menschen, die damals nicht lesen und schreiben konnten, klare Handlungsrichtlinien vorgaben.

Meine Urgroßmutter war eine jener typischen Waldviertlerinnen, die zwischen neuem Glauben und altem Wissen hin- und hergerissen war. Auch wenn sie täglich in die Kirche ging, die alten Sagen aus uralten Zeiten konnte sie so herrlich erzählen, dass sie mir ein Leben lang in Erinnerung geblieben sind. Es waren unter anderem diese der schön-schaurigen Geschichten, die uns Kindern manches Mal eine „Auszeit" gönnten und den Krieg in eine erträgliche Ferne rückten. Wenn ich als nicht gerade ihre „Hoawa o´gröwete" oder ihren „Scherm" zu Schanden ritt, hörte ich ihr zu, wenn sie erzählte:

„Ihr wisst doch, dass vor der Mette in der Weihnachtsnacht kein Fleisch gegessen werden darf. Beim Fahrnleitner war in der Vorweihnachtszeit ein Kindlein geboren und getauft worden. Nun war es

Brauch, dass das Hofgesinde mit den Bauersleuten in der heiligen Nacht in die Mette ging. Nur der Großvater sollte zu Hause bei dem kleinen Kind bleiben und das Haus hüten. Die Bäuerin hatte den Tisch schon vor dem Kirchgang gedeckt. Nach Mitternacht, wenn alle von der Messe heimgekommen waren, durfte dann tüchtig gegessen und getrunken werden. Der Großvater hörte noch den Schnee unter den Schuhen der Hofleute knirschen, als sie Richtung Kirche gingen. Draußen war es bitterkalt. Dann war Stille. Nur das Holz im Ofen knisterte und verbreitete eine behagliche Wärme in der Stube.

Der Großvater stieß mit dem Fuß die Wiege an, die sich hin und her bewegte. Das Kindlein schlief tief und fest. Der Duft des Fleisches stieg dem Altbauern in die Nase, begierig blickte er auf den angerichteten Tisch. Ein kleines Fuzerl (Stück) Fleisch würde bestimmt nicht schaden, dachte er. Noch nie war der Blonger (Verlangen) nach dem Geselchten so groß gewesen wie ausgerechnet jetzt. Der Großvater wusste aber, dass es verboten war von den Gaben auf dem Tisch zu naschen, bevor die Hofleute nach Hause gekommen waren. Er ging in der guten Stube auf und ab, blickte auf das Heidscherl (Baby). „Nein", dachte er, „ich darf mich nicht versündigen!" Er streichelte den Hund, der ruhig beim Ofen schlief. Wieder ging der Großvater in der Stube auf und ab, schaute nach den Essen auf dem Tisch. Da wurde das Verlangen zu groß. Er griff nach dem Messer und schnitt ein Stück Fleisch ab und schob es in den Mund.

Im selben Augenblick flog mit einem Ruck die Türe auf und herein trat der Teufel. Man konnte ihm an der roten Hahnenfeder und dem Pferdefuß erkennen. Dem Alten wurde es angst und bange. Er wusste, wenn er jetzt keinen Ausweg finden würde, war es um ihn geschehen. In seiner Not riss er das Wickelkind aus der Wiege und drückte es fest an sich. Der Teufel stieß einen markerschütternden Schrei aus und fuhr mit Donnergetöse und Schwefeldampf durch die Wand. Das unschuldige Kind hatte dem Großvater das Leben gerettet."

Meine Urgroßmutter sagte dann noch, dass das Loch in der Wand, durch das der Teufel gefahren war, sich nie mehr zumauern ließ. Später hat man dort ein Fenster, ein sogenanntes Seelenfenster, eingemauert.

Auch die scheinbar unspektakulärsten Geschichten konnte meine Urgroßmutter so packend erzählen.

„Eines Tages ging ich spät von einem Kirchtag nach Hause. Weil ich für mein Leben gerne tanzte, hatte mich wie so oft bei solchen Ereignissen ein wenig verspätet. An die Schimpferei meiner Mutter wollte ich erste gar nicht denken. Da hörte ich hinter mir schlurfende, kratzende Geräusche. Ich blieb stehen und horchte - nichts. Als ich jedoch wieder weiterging, hörte ich das Geräusch wieder. Ich hatte Angst, bekreuzigte mich und rief alle Heiligen an. Wieder blieb ich stehen Nichts war zu hören. Nun schritt ich kräftiger aus. Da war es wieder! Jetzt wurde es mir zu dumm. Ich blieb stehen, drehte mich um - nichts war zu sehen, doch das kratzende und schlurfende Geräusch kam näher. Ich blickte zu Boden und nun musste ich selbst über meine Schreckhaftigkeit lachen. Eine Igelmutter führte ihre

Jungen auf der Futtersuche durch den nächtlichen Wald."

Ein Erlebnis der furchterregenden Art hatte meine Urgroßmutter in ihrer Kindheit:

„Eines Abends ging ich von der Maiandacht nach Hause. Ich hatte mich etwas verplaudert. So schnell ich konnte, lief ich unserem Haus zu. Plötzlich sah ich über dem Nachbarort ein feuriges Etwas fliegen, das sich rasch näherte. Ich hockerlte mich zusammen, und da war es schon über mir und flog vorbei. Nun hielt mich nichts mehr. Ich rannte so schnell mich meine Beine tragen konnten. Außer Atem riss ich die Türe zu unserem Haus auf. Es hätte nicht viel gefehlt und ich wäre meinem Vater direkt vor die Füße gefallen. Ich konnte kaum sprechen. Als ich wieder etwas bei Atm war, erzählte ich von dem unheimlichen Vorfall. Vater hörte mir zu und sagte dann: „Ich bin überzeugt, dass es eine ganz einfache Erklärung dafür gibt".
Wirklich am nächsten Tag war das Rätsel auch schon gelöst. Eine Bäuerin hatte Speck ausgelassen. Das überlaufene Schmalz hatte Feuer gefangen und war als Feuerkugel zum Rauchfang hinaus geflogen. Irgendwo ist es niedergegangen und hatte kein Feuer entfacht."

Man muss vorausschicken, dass zu dieser Zeit offene Kamine noch gang und gäbe waren und durch solche Missgeschicke oft ganze Ortschaften ein Raub der Flammen wurden.

Was heute durch die Wiederentdeckung vorchristlicher Religionen salonfähig geworden ist, war für meine Urgroßmutter schon vor mehr als 60 Jahren eine Selbstverständlichkeit.

So erzählte sie, dass man in den Raunächten (die Nächte zwischen dem Heiligen Abend und dem Heiligen Drei König-Tag) die Tiere sprechen hören kann. Wäsche aufhängen war strikt verboten. Man munkelte, dass derjenige, von dem ein Stück Wäsche in den Raunächten am Dachboden zum Trocknen hing, im kommenden Jahr sterben würde. Die Wilde Jagd, die Habergeiß und andere unfreundliche Wesen trieb ihr Unwesen auf der Welt. Als kleines Mädchen hatte ich nach einem Abend voller unheimlicher Geschichten große Angst, sodass ich Burschi (so nannten wir meinen Bruder Leo) oft bat, mich auf dem Dachboden zu begleiten, wenn ich hinaufgehen musste, um etwas zu holen.

Von den vielen Geschichten faszinierte mich jene von der Thomasnacht besonders. Mädchen, die wissen wollten wie ihr Zukünftiger aussieht, konnten in dieser Nacht quasi in ihre eheliche Zukunft blicken. Und das Rezept klang ganz einfach: „Gehe zu einem Haus, bei dem sich links und rechts der Haustür ein Fenster befindet. Stell dich davor, wirf deinen Holzschuh hinter dich – dreh´ dich aber auf keinen Fall um – und sprich die magische Formel: „ Bettstadl i tritt di, Heiliger Thomas i bitt di, lass mir erscheinen den Meinen."
Ich hab´s als Jugendlich oft versucht. Entweder lag´s am Schuh oder am Haus – meinen Mann hab ich erst viel später zum ersten Mal gesehen.

Wenn ich bei diesen unglaublichen Geschichten mit weit aufgesperrten Augen dasaß, lachte meine Urgroßmutter herzlich, ob so viel Einfalt. Sie selbst glaubte ja nicht daran. Sagte sie jedenfalls. Aber vor dem Uhu, der in der großen Fichte beim Gartenhaus wohnte und Nacht für Nacht sein schauriges „Schuhu, Schuhu" in die Dunkelheit rief, hatte auch sie Angst. Manchmal kam sie frühmorgens zu uns ins Zimmer: „Minnerl (so nannte sie meine Mutter), hast ihn lachen g'hört, mir ist ganz kalt über den Buckel gelaufen."

Ich weiß noch genau, wie wir uns beide auf eine Geschichte „vorbereiteten". Ich saß auf einem Schemel und schaute erwartungsvoll zu ihr auf. Sie rückte umständlich ihren Sessel zurecht, setzte sich nieder, strich ihre Schürze zurecht und begann zu erzählten:

Es war einmal eine alte arme Frau, die lebte einsam auf der Welt und musste sich ihr Essen zusammenbetteln. Sie humpelte von einem Dorf zum anderen und jeder gab ihr ein wenig von seinem Essen ab. Einmal bekam sie sogar ein paar Löffel Schmalz in ihr Häferl. Glücklich darüber humpelte sie heim, stolperte und verschüttete etwas von dieser Herrlichkeit. Weil in dem Topf noch genug blieb, dankte sie Gott. Im Herbst, wenn die Sonne ganz rasch hinter dem Horizont verschwindet, meinten meine Mutter, dass die Sonne auf diesem Schmalz ausrutsche und sagte daher: „Da hat das Bettelweib das Schmalz verschüttet.

Eine Erzählstunde meiner Urgroßmutter wäre ohne einer Geschichte aus dem Waldviertel nie komplett gewesen.

„*Vor langer, langer Zeit, als unser lieber Herrgott noch auf der Erde weilte und alle Leute gut zu einander waren, mischte er sich unter das Volk und predigte vom Paradies und von der heilen Welt. Als aber Habgier und Neid von den Seelen der Menschen immer mehr Besitz ergriffen, wurde dem Herrgott schwer ums Herz und er zog sich in das Waldviertel zurück. Er schritt über Wiesen, durchstreifte die Wälder und dachte darüber nach, wie er die paradiesische Ordnung wieder herstellen könnte, und weil ihm einfach nichts einfiel, weinte er. Und jede göttliche Träne, die zu Boden fiel, verwandelte sich augenblicklich in einen Stein. Deshalb ist unser Waldviertel steinreich.*"

11 *Die sieben Geißlein wie meine Mutter sie erzählte*

Eine Geißenmutter hatte sieben Geißenkinder. Eines Tages sagte sie zu ihnen: „Wir müssen in den Wald, um Futter zu holen. Gebt aber acht. Ihr wisst, dass da draußen viele Gefahren lauern. Vor allem der Wolf ist eine große Gefahr für uns. Also aufgepasst und bleibt alle beisammen."
Die alte Geiß nahm ihren Buckelkorb, setzte ihr Kopftuch auf und ging mit ihren Geißlein dem Wald zu. Sie waren noch nicht lange unterwegs, da sahen sie schon den Wolf aus dem Gebüsch heraus kommen.
Er sagte zur alten Geiß:
W: Wo gehst du hi.
GM: Zum Städtle hinaus, zum Städtle hinaus, Labblattln (Blätter von Laubbäumen) brocken.
W: I friß di auf
GM: I bin scho oid, do hinten kommen Jüngere, de kannst fressen.

Da kam auch schon ein Geißlein daher gehüpft, und der Wolf sagte wieder.

W: Wo gehst denn hin
G: Zum Städtle hin aus, zum Städtle hinaus, Labblattl brockn.
W: I friß di auf
G: Des geht net, des geht net, wart lieber auf das Nächste.

Schon war es am Wolf vorbeigehopst und das nächste Geißlein kam angerannt. Da sagte der Wolf wieder.

W: Wo gehst denn hin
G: Zum Städtle hinaus, zum Städtle hinaus, Labblattln brockn.
W: I Friß di auf.
G: Des kannst net, wart lieber aufs Nächste. Und war schon wieder am Wolf vorbei.

Jedes der kleinen Geißlein sprang am Wolf vorbei und jedes sagte das gleich Sprücherl. Dann kam das jüngste Geißlein und auch dieses wollte der Wolf fressen. Diese sah denWolf an und sagte:

G: Mich willst du fressen, es kommt noch ein ganz kleines Geißlein nach und ich muss Labbadln brockn.

Der Wolf wartete und wartete. Es kam jedoch kein Geißlein mehr nach. Vielleicht hockt er heute noch im Gebüsch und wartet auf das nächste Geißlein.
So unspektakulär diese Version der Sieben-Geißlein-Legende auch sein mag. Ich hab sie auch meinen Kindern erzählt und erst da erkannt, wie sehr sie ein Spiegelbild unserer Mütter war, die ihre Geißlein als gevifte Geißen mit viel Charme und Schmäh allen übermächtige Bedrohungen zum Trotz über die Runden gebracht haben.

Meine Mutter konnte wunderbar erzählen

12 Ostern

Mutter fuhr auch zu den Osterfeiertagen mit uns ins Waldviertel. Hier waren wir am Land und die Milch, die wir uns jeden Abend vom Güber (Hausname: Gilber) holen konnten, war nicht mit Gold aufzuwiegen.
Obwohl es schon April war, waren die Nächte kalt und am Ostrong lag noch Schnee. Mutti hatte einen Jugendfreund, den Meixner Walter. Er war Orfrogner (Eierzusammenholer).
Es war ein ungeliebtes Geschäft: Er musste von Bauerhof zu Bauernhof gehen, um jene Eier abzuholen, die die Bauern vom Amtswegen anliefern mussten. Offenbar spekulierte unsere Mutter damit, dass Walter in seiner Funktion bekannt sei und ihm deshalb niemand einen Wunsch abschlagen würde. Die beiden vereinbarten, dass wir am Ostermontag gemeinsam mit Walter die Bauernhöfe rund um Ysper abklappern würden, um Eier zu sammeln.
Es war ein sonniger Tag. Trotzdem zogen wir warme Schuhe an, falls wir durch den Schnee marschieren mussten.
Der erste Bauernhof war erreicht. Walter klopfte laut an die Türe und sobald die Bäuerin öffnete sagte er sein Sprücherl auf: „Bitt goar schen um a rots Oa, drei sama liaba wia zwoa." Im gleichen Atemzug aber fügte er seiner Litanei hinzu: „Für die zwa Kinder ein rotes und ein blaues, owa für die Minnerl ein rochs Oa zum Mitnehmen, sie ham in der Stadt wenig zum Essen.
Viele Bäuerinnen kannten unsere Mutter von der Schulzeit. Ein kleiner Tratsch: „Erinnerst du dich noch....", öffnete die Herzen vieler Frauen. Mit den Eiern wanderten manchmal ein Löffel Schmalz oder gar ein

Stück Geselchtes in Walters Hamsterrucksack. So ging es von Hof zu Hof. Am späten Nachmittag kamen wir müde, jedoch mit einem vollen Rucksack bei Großmutter Therese an. Die aber wiederum unkte: „Hoffentlich erwischen euch beim Autobus die Gendarmen nicht und nehmen euch alles weg." Denn Hamstern war damals streng verboten und wurde hart bestraft.

Mama mit ihrer Cousine Eva Jank

Familien-Idyll in Ysper

Familienidyll in Ysper

13 *Vater hat Urlaub*

Im März 1939, ich war noch keine drei Jahre alt, war Vaters Einheit beim Einmarsch in die Tschechoslowakei mit dabei. Zu Beginn des Krieges kam Vati noch öfters heim. Er war zu dieser Zeit mit seinem Kommandanten, Hauptmann Erwin Niederreuther, in Leipzig stationiert. Aber da war ich noch zu klein, um mich daran zu erinnern. Später wurden die Abstände zwischen den Fronturlauben immer länger. Umso größer die Freude, als es im Spätsommer 1942 hieß, dass Vati nach Hause kommen würde.

Es war auch die Zeit, in der für mich der „Ernst des Lebens" anfing. Ich war natürlich mächtig stolz, dass mein Vater, der Soldat, mich zu meinem ersten Schultag begleitete. Ich glaube, er war der einzige Mann im Klassenzimmer. Dennoch verließ mich ob der vielen neuen Eindrücke bald der Mut und ich begann zu weinen. Mein Schmerz war aber sofort vergessen, als ich meinen Jugendfreund Karli in der Bank sitzen sah. Er rückte zur Seite und ich hatte meinen Platz.

Tags darauf schulterte ich Vaters ehemalige Aktentasche, die zur Schultasche umfunktioniert worden war. Mächtig stolz war

Mein erster Schultag, der Bayerl Karli und ich

ich vor allem auf das Tafelfetzerl und den Schwamm, die ich ganz demonstrativ auf der Seite heraushängen ließ, damit alle sehen konnten, dass ich nun in die Schule ging. Karli wartete schon im Stiegenhaus auf mich, wir nahmen uns an der Hand und gingen in die Schule.
Es war eine schöne Zeit. Vater war zuhause und ich war endlich ein „großes Mädchen". Der Krieg war weit weg. Aber die schöne Zeit verging viel zu rasch.
Vaters Uniform wurde aus dem Schrank geholt, Mama sprach nicht mehr viel und hatte ganz verweinte Augen. Am Tag vor dem Weg zurück an die Front saßen meine Eltern am Küchentisch. Ich werde die Szene nie vergessen: Die beiden hielten sich an den Händen und Vater streichelte meiner Mama immer wieder über ihr Gesicht. Wie es sich in dieser Zeit noch gehörte, musste er, der Mann, der Tapfere sein. Wie schwer meinem Vater dieser Abschied gefallen sein musste, habe ich erst viel später verstanden. Heute bin ich mir sicher, dass er nicht damit gerechnet hatte, je wieder nach Hause zu kommen.
Abends wurden Leo und ich ganz zeitig ins Bett geschickt. Doch ich konnte nicht schlafen. Die Stimmen meiner Eltern hielten mich wach. Selbst auf die Gefahr, dass meine Muter schimpfen würde – Papa hätte sein Mäderl sicher in Schutz genommen - stand ich auf und wollte wieder in die Küche gehen. Ich war gerade an der Tür, da hörte ich meinen Vater sagen: „Ninschi, den Krieg haben wir schon verloren!" Nie werde ich diesen entsetzten Aufschrei meiner Mutter vergessen: „Sei still Leo, wenn das jemand hört, stellen sie dich an die Wand." Das Anzweifeln des Endsieges war damals ein Kapitalverbrechen und wurde mit standrechtlicher Erschießung geahndet.

Da ich nun Ohrenzeuge dessen, was niemand wissen durfte, geworden war, schlüpfte ich schnell in mein Bett zurück und schlief ein. Am nächsten Tag zog Vater wieder ins Feld.

Dieses Erlebnis belastete mich sehr: Auf der einen Seite verhieß uns die Propaganda den baldigen Sieg, auf der anderen zweifelte mein geliebter Vater diesen an. Auch mit meiner Mutter getraute ich mich nicht darüber zu sprechen, hatte sie doch für den Fall, dass es jemand hört, die Erschießung meines Vaters prophezeit. Spitzel und Denunzianten gab es zu dieser Zeit genug. Nicht auszudenken, hätte ich damals an falscher Stelle auch nur ein Wort über dieses nächtliche Erlebnis verloren.

Die Angst saß so tief, dass ich erst viele Jahre später meinem Mann dieses Erlebnis anvertraute. Wann immer ich höre wie sich Politiker mit ihren Entschuldigungen an jene überschlagen, denen der Krieg so viel genommen hat, denke ich daran, was ein sechsjähriges Mädchen in einer Nacht im September 1942 gehört hat. Daran, dass wir Kriegskinder in dieser schrecklichen Zeit unsere Kindheit verloren haben, hat noch niemand gedacht.

Vati in Leipzig

14 Die Preußen sind in Melk

Ich hatte eben erst meinen ersten Schultag (1942) hinter mich gebracht, da kam meine Tante Lili aus Deutschland (eigentlich hieß sie Marianne) mit ihren beiden Buben zu uns. Die Freude meiner Mutter war groß. Ihre Schwester Marianne hatte 1939 nach Deutschland geheiratet. Nun waren die Männer eingerückt und Marianne kam mit ihren beiden Kindern in die alte Heimat.

Anfangs war auch alles in Ordnung, ich hatte in Hänschen einen Spielkameraden. „Hosenmatz" Sepp Willi Wolfgang war noch ein Baby und meine Mutter liebte ihn sehr. Hans Werner, kurz Hänschen genannt, hatte einen Dickschädel. Alles was er sich in seinen kleinen Kopf setzte, musste geschehen. Sogar meine Lieblings-Puppe musste ich ihm zum Spielen überlassen. Und immer musste ich nachgeben, weil ich die Große war.

Als größte Ungerechtigkeit empfand ich aber, dass Hänschen jeden Tag eine Buttersemmel bekam, zu der er auch noch völlig unostmärkisch (also unösterreichisch) „Butterstulle" sagte. Ich hingegen musste mit einem Butterbrot vorlieb nehmen. Natürlich bemerkt mein kleiner preußischer Cousin sehr bald, wie gierig ich auf seine Semmel war. Von einem Tauschgeschäft wollte er aber nichts wissen. Wieso auch, er bekam ohnehin alles, was er wollte. „Ne, ne": sagte er immer, „iss du nur dein Brot, ich esse meine Stulle." Ich revanchierte mich auf meine Weise: Wann immer sich die Gelegenheit dazu bot, puffte und rempelte ich hm. Aber mehr als persönliche Genugtuung kam dabei nie heraus. Bei der

kleinsten Berührung brüllte er los, als hätte ich ihm weiß Gott was getan.
Wieder war ich die Große, die den Kleinen geärgert hatte. Natürlich bekam er das mit, dass die Erwachsenen immer auf seiner Seite standen und so wurden seine Provokationen immer dreister. Manchmal stolzierte er auf unser Eckbank wie ein Gockel vor mir auf und ab und biss demonstrativ von seiner Buttersemmel ab. Manchmal, wenn er keinen Hunger hatte und seine Semmel vom vielen „Darauf- Herumkauen" schon abgematscht war und aussah, als hätte sie schon jemand verdaut, bot er sie mir großzügig an.

Doch irgendwann war auch meine Geduld zu Ende. Das Maß war voll.

Wie jeden Tag bekam Hänschen seine morgendliche Butterstulle. Aber an diesem Tag sollte sie ihm nicht schmecken. Noch bevor jemand die Situation erfasst hatte, griff ich nach der Semmel, stopfte sie so schnell ich konnte in den Mund und schob Hänschen mein Brot hin. Selbst mein Cousin war so baff, dass ihm zunächst der Mund vor Staunen offen blieb. Sein anschließendes Gebrülle musste natürlich kommen. So etwas hatte ihm vor mir offensichtlich noch niemand angetan. Ich bekam meinen obligaten Klaps auf den Hintern, doch den Kampf um die Semmel hatte an diesem Morgen ich gewonnen.

Für die restliche Zeit, in der unser Besuch in Melk weilte, hatte er großen Respekt vor mir. Mit dieser wagemutigen Aktion hatte ich ihm eindrücklich bewiesen, dass mit mir nicht zu spaßen war.

Hans Werner, Tante Lili, Sepp Willi Wolfgang

15 Onkel Willi

Tante Lili – so nannte ich meine Tante und Taufpatin liebevoll - war 1938 in eine Kugelfabrik nach Deutschland eingezogen worden und hatte in ihrer neuen Heimat einen Deutschen geheiratet, Onkel Willi. Die Schwestern waren froh, dass sie beisammen sein konnten. Sie hatten sich viel zu erzählen und darüber vergaßen sie auch den Alltag. Anfangs lachten Mutti und Migatsch (so nannte sie meine Mutter) viel. Der Cognac, den mein Vater aus Frankreich geschickt hatte, wird wohl auch das seine dazu beigetragen haben. Abends saßen sie beisammen, leerten ab und zu ein Gläschen und schwelgten in Erinnerungen an ihre eigene Jugend und strickten Handschuhe, Schals und Ohrenschützer für Vati und Onkel Willi. Wie für die meisten Menschen zu dieser Zeit war auch für uns der Volksempfänger die wichtigste Nachrichtenquelle. Täglich saßen die beiden Damen vor dem „Einheitsradio" und verfolgten mit Spannung und Angst die Militärnachrichten. An der einen Wand in unserer Wohnung hing eine Landkarte von Russland, wo der Vormarsch der Deutschen mit bunten Stecknadeln penibel markiert wurde.

Onkel Willi kämpfte in Stalingrad. Als nach Weihnachten die ersten Briefe, die meine Tante an ihren Mann geschickt hatte, zurückkamen, wartete Mutti jeden Tag auf die Briefträgerin. War einer der ominösen Briefe dabei, nahm sie ihn und steckte ihn wortlos in ihre Schürzentasche. Als ich sie deshalb einmal fragend ansah, strich sie mir übers Haar und meinte: „Wir wollen Tante Lili doch nicht ängstigen".

Irgendwann konnte das Versteck spielen nicht mehr funktionieren. Das Ausmaß der Schlacht um Stalingrad ließ sich auch mit bester NS-Propaganda nicht mehr verheimlichen und dann kam der erste Brief retour, auf dem das Wort „Vermisst" aufgestempelt war. Dieses Mal konnte meine Mutter nicht anders, als ihn ihrer Schwester auszuhändigen. Wir wurden an diesem Tag sehr früh zu Bett gebracht und da wussten wir, dass etwas Schreckliches passiert war.

Viele, viele Jahre später hat mit Tante Lili erzählt, dass sie schon lange bevor ihr meine Mutter diesen Brief aushändigte, eine schlimme Vorahnung hatte. In einem Traum hätte sie damals Onkel Willi gesehen. Er stieg einen Berg hinauf und winkte ihr immer wieder zu. Plötzlich war er verschwunden. Da wusste sie, dass er nie mehr zurückkehren würde.

Marianne und Willi Wichert

16 Das Hitlerbild

Jeder, jedenfalls ein Großteil der Menschen, hatte in der NS-Zeit, ein Bild von Adolf Hitler in der Wohnung hängen. So auch wir.
Als feststand, dass Onkel Willi in Stalingrad vermisst war, nahm meine Mutter das Hitler-Bild von der Wand, spuckte es an, warf es zu Boden und sprang darauf herum, dass das Glas in tausend Scherben zersprang. Das Bild hob sie auf, beschimpfte es auf das Unflätigste und warf es in den Kasten. Mit stoischer Ruhe holte sie anschließend Mistschaufel und Bartwisch und kehrte die Scherben weg.
Tags darauf holte sie das Bild erneut hervor, nahm ihre große Schneiderschere, mit der sonst niemand Papier schneiden durfte, und schippelte an dem Bild, das auf starkem Papier aufkaschiert war, herum. Das so gewonnene Rechteck verwendete sie als rückwärtigen Karton für das Bild, das einige Monate zuvor anlässlich des Heimurlaubes unseres Vaters aufgenommen worden war. Von diesem Tag hing an der Stelle des Hitlerbildes die „Familienparade" an der Wand.
Ich hatte das Erlebnis schon längst vergessen. Eines Tages - Mama war schon lange tot – wollte ich meinen Vater aus seiner Wohnung am Kronbichl abholen. Als ich das Wohnzimmer betrat, lag das Familienbild auf dem Tisch - ohne Deckblatt. Mein Vater saß davor, mit Tränen in den Augen: „Weißt du", sagte er, „dieser Kerl hat so viel Leid und Elend über viele Menschen gebracht, dass er auch nicht als Deckblatt für unser Familienbild nützlich ist". Das, was meine Mutter anno dazumal vom Hitlerbild übriggelassen hatte, hat mein Vater viele Jahre

danach verbrannt. Heute denke ich, dass er damit ein schreckliches Kapitel seines Lebens abschließen konnte. Es tut mir nur Leid, dass Menschen wie mein Vater, die unzähligen Soldaten, die den Krieg für andere führten, zu wenig zu Wort gekommen sind, als es darum ging, die Geschichte aufzuarbeiten. Das haben dann die Großen und Wichtigen der Welt gemacht. Genau so, wie sie seinerzeit die Welt unter sich aufteilen wollten. Daher dürfen wir uns nicht wundern, dass die Menschheit daraus nichts gelernt hat und Hass, Folter und Greueltaten auch bei den sogenannten zivilisierten Demokratien auf der Tagesordnung stehen.

17 Der Storchenzucker

Mein Bruder war um sechs Jahre älter als ich und nicht immer ein guter Spielkamerad. So wünschte ich mir nichts sehnlicher als eine Schwester, damit wir es dem Burschi zeigen könnten. Ich flehte meine Mutter an, aber die lächelte nur. Da war einfach nichts zu machen. Irgendwann hatte ich gehört, dass der Storch die kleinen Kinder bringt. Also hörte ich mich ein wenig um. Zufällig kam Onkel Hermann auf Urlaub und auch dem klagte ich mein Leid. Der hatte in seinem Übermut natürlich nichts Besseres zu tun, als mir zu raten, Zucker aufs Fensterbrett zu geben. Das – so die Logik, die mir überaus einleuchtend schien – würde den naschhaften Storch anlocken. Und wo ein Storch, da eine Schwester. Schon bald ging ich ans Werk. Jeden Tag verschwand mein Zucker nicht im Kaffee, sondern in meiner Schürzentasche und von dort in ein Geheimversteck. Als ich eine ordentliche Menge gesammelt hatte, nahm ich einen schönen Teller, ein Fleckerl Stoff und platzierte meinen Zucker behutsam obenauf. darauf. Diese süße Storch-Versuchung kam hinter die Decke aufs Fensterbrett.
Um Zugluft zu verhindern, wurde im Winter dicke Decke vor die Fenster gehängt. Links und rechts des Fensterstocks wurde in einer Höhe von rund 40 Zentimeter ein Wandhaken eingeschlagen. Daran wurden die Ösen, die an den Decken angenäht waren, eingehängt. Die Fenster waren damals alles andere als dicht.
Gleich nach der Schule sah ich nach, ob mein Zucker noch da war. Meine Enttäuschung war groß, weil der Storch den Zucker verschmäht hatte. Auch am nächsten Tag ließ er meinen Zucker einfach liegen. Alle paar

Stunden sah ich nach – nichts. Irgendwann klappte es aber doch. Der Zucker war verschwunden. Lange, lange wanderte meine Kaffee-Zuckerration ins Versteck. Doch allmählich wurde ich ungeduldig. Ich wunderte mich wo mein Schwesterchen blieb. Der Storch fraß meinen Zucker und brachte keine Gegenleistung.
Wie jedes Geschwisterpaar hatten auch Leo und ich unsere, mitunter überaus heftigen Auseinadersetzungen. Eines Tages stritten wir wieder wie Hund und Katz´. Schimpfworte flogen hin und her, da packte mich die Wut. Wie eine Wildkatze sprang ich Leo an und verpasste ihm die Watsch´n, die er sich redlich verdient hatte. Er konnte gar nicht reagieren, so verdutzt war er in diesem Moment, dass ihm die kleine Schwester eine geklebt hatte. Aber seine Rache ließ nicht lange auf sich warten: Am nächsten Tag, als ich meine Zuckerration an den Storch ablieferte, stand Leo plötzlich hinter mir. „Leg den Zucker für den Storch nur aufs Fenster. Ich fress´ ihn gerne wieder auf", grinste er übers ganze Gesicht. Ich war schwer getroffen und weinte bitterlich. Deshalb hat es also nie geklappt. Der Storch hatte den Zucker nie bekommen und hatte deshalb auch keine Ware abgeliefert.

Im Ofen den 15.VI 43

Mein liebes Menscherl!
Heute erhielt ich mit grosser Freude, deinen lieben Brief von 5.VI recht lieben Dank mein Goldscheiserl. Ich schreib dir in der selben Schrift zurück das Du es besser lesen kannst. Ich weis doch das mein Menscherl an ihren Vater immer Denkt. Wen Du brav lernst habe ich immer eine Freude mit Dir. Aber freut mich das du im lesen schon jetzt einen finser bekomen hast. Lerne nur so brav weiter die Mama wird bestimt auch eine Freude mit Dir haben. Was hast Du den

alles zu deinen Geburtstag alles bekommen. Eine Torte das weis ich schon, ein Stückchen hättest Du mir schon schicken können. Jetzt natürlich ist es zu spät, da Du die Torte schon aufgespeist hast. Die Hauptsache war, das Dir die Torte geschmekt hat. Mir geht es ganz gut, sag mir einmal folgst Du Der Mama auch nicht das ich einmal hören muß von der Mama Du bist nicht folgsam. Jetzt muß ich auf hören Dir zu schreiben da ich auf Wache ziehe. Viele Bussel von

Deinem

Vater.

Vati beantwortet meinen Brief

18 Es brennt

Mutti hatte gerade unsere große Küche ausgerieben. Der Boden war schon trocken und eine behagliche Atmosphäre breitete sich in der Wohnung aus. Wir wollten uns gerade zum Nachtmahl hinsetzen, da hörten wir das Tatütata der Feuerwehr. „Feuer, es brennt", rief meine Mutter und lief zum Fenster. Der heulende Ton des Martinshorns kam immer näher. Gerade als Mama die Wohnungstür öffnen wollte, wurde sie mit einem Ruck von der anderen Seite aufgerissen. „Beim Bergen brennt die Tischlerei", rief Frau Windisch völlig außer sich.
Da spürten wir auch schon den Rauch und sahen die Großtischlerei am Kasernenberg lichterloh brennen. Ich hatte schreckliche Angst und Leo musste beruhigend auf mich einreden. Auch Mama war angesichts der hell lodernden Flammen sichtlich nicht wohl in ihrer Haut. Die Feuerwehrtruppe, die zum Großteil aus jenen Männern bestand, die nicht mehr zum Wehrdienst eingezogen worden waren, legten Schläuche. Sie hatten alle Hände voll zu tun, um ein Übergreifen auf die benachbarten Scheunen zu verhindern.
Da stand wie aus dem Boden gewachsen die „Epple Poidl" in unserer Küche, stellte einen Kübel in unser Waschbecken und machte sich am Wasserhahn zu schaffen. Die Dame war als Totenwäscherin und Mitglied der Feuerwehr und des Roten Kreuzes ein Melker Multfunktionstalent. Den vollen Kübel mit Wasser wollte sie nun in unserer Küche aus Brand-Präventionsgründen ausleeren. Sie hatte aber nicht mit Mutters Reaktion gerechnet, die nicht im Traum daran dachte, ihren eben aufgewaschenen Küchenboden noch

einmal aufzuwischen. Sie riss der verdutzten Frau den Kübel aus der Hand und schüttete diesen zurück ins Waschbecken. Wir kamen ungeschoren davon. Unseren bedauernswerten Nachbarn hatte die „Epple Poidl" die Küche geflutet. Auch die darunter liegende Wohnung wurde arg in Mitleidenschaft gezogen. Einmal mehr hatte sich das Sprichwort bewahrheitet: „Das Gegenteil von gut ist gut gemeint".

19 Eine Weihnachtsgeschichte

Dezember 1943: Wieder einmal stand ein Kriegsweihnachten vor der Tür. Wir bastelten in der Kindergruppe Weihnachtspyramiden. Eine ganz besonders schöne sollte die Kreisfrau erhalten. Ich sollte ein Gedicht vom Knecht Ruprecht lernen und es bei der Übergabe des Geschenkes aufsagen. Ob es dazu gekommen ist, daran erinnere ich mich nicht mehr.

Mit roten Backen zupften unsere kleinen Hände an Leinenfleckerln, die zur Herstellung von Verbandstoffen, für die verwundeten Soldaten gebraucht wurden. Diese Arbeit mussten wir vor dem Spielen erledigen. „Kommt dein Vati Weihnachten heim?", fragte mich ein Mädchen. „Ich glaube nicht", entgegnete ich traurig. Wir wussten nie, wann unser Vater Fronturlaub bekam. Am Abend sagte ich zu Mutti. „Ich wünsche mir heuer nichts anderes vom Christkind, als den Vati unterm Christbaum". Mama bekam feuchte Augen. Von diesem Tag an dachte ich an nichts anderes, als an Vati und das Christkind.
Die Zeit vor dem Heiligen Abend war trotz der Bomben und der vielen Entbehrungen auch in der Kriegszeit geheimnisvoll. Mutters Nähmaschine ratterte bis lange in die Nacht hinein und so manches Stoffstück verschwand ganz plötzlich, wenn ich in die Küche kam. Rezepte wurde unter den Frauen ausgetauscht, so auch ein Rezept eines Topfenstollens, den Mutter unbedingt probieren wollte.
Der Heilige Abend rückte immer näher - kein Fronturlaub für unseren Vati.

Dann war es soweit: Das Kalenderblatt zeigte endlich den 24. Dezember an, meine Mutter tätigte mit einer beängstigten Ruhe die letzten Vorbereitungen für das Fest. Plötzlich, es war die Zeit wo der Urlauberzug am Bahnhof ankam, zog Mutter ihren Mantel an. Sichtlich nervös befahl sie Leo und mir, uns zu beeilen. Wir gingen in Richtung Bahnhof los. Der Zug fuhr ein. Soldaten stiegen aus. Alle hatten fröhliche Gesichter, durften sie doch Weihnachten bei ihren Familien verbringen.

Vati war nicht dabei. Mir war zum Heulen zumute. Doch da, aus dem letzten Wagon stieg eine vertraute Gestalt aus. Ich rannte los. „Vati, Vati", rief ich und warf mich voll Freude in seine offenen Arme. Mutti und Leo, die Probleme hatten, mit mir Schritt zu halten, waren nun auch nachgekommen. Vater drückte meine Mutter fest an sich und sah sie verwundert und fragend an. Auch sie hatte nicht gewusst, dass mein Vater Fronturlaub bekommen hatte. Er wollte uns alle damit überraschen. Sie aber sagte: „Wir drei haben uns gewünscht, dass du zu Weihnachten bei uns bist." So hatte das Christkind vor allem während des Krieges alle Hände voll zu tun.

Das Bild sollte meinen Vater durch den Krieg begleiten

20 Zwei Mal Zug der Hoffnungslosigkeit

Im April 1944 wurde die Pionierkaserne zur Außenstelle des Konzentrationslagers Mauthausen umfunktioniert. Täglich bewegte sich die Kolonne körperlich geschwächter und ausgemergelter Menschen über den Kasernberg. Am Morgen wurden die Häftlinge in den Wachberg geführt, wo sie - wie man sich erzählte - damit beschäftigt waren, Kugellager für die Rüstungsindustrie herzustellen.
Abends zogen sie müde und hungrig wie graue Schatten an unserem Haus vorbei. Man gewöhnte sich an die trostlose Kolonne. Auch das Wachpersonal kannte man. Einer fiel mir besonders auf, weil ich mich vor seinen stechenden Augen fürchtete. Meine Mutter und andere Frauen erzählten sich hinter vorgehaltener Hand, dass er den Toten die Goldkronen herausbreche.
Abends mussten wir für unsere Hasen immer Futter holen. Mit einer Hamstertasche, die sich Mutter von einem alten Überwurf Großmutters genäht hatte, gingen wir jeden Tag auf die Suche nach den saftigsten „Mohrtaschen" (Löwenzahn). Aber immer in der Nähe der Wohnung bleiben, damit wir im Fall eines Fliegeralarms rasch zurücklaufen, den Rucksack schultern und im Keller Schutz suchen hätten können. Auch die Angst vor Tieffliegern war allgegenwärtig, vor allem im freien Gelände gab man ein ideales Ziel ab.
Also blieben wir bei unserer Futtersuche immer nahe der Kaserne. Denn am Uhrturm war eine Flak (Fliegerabwehrkanone) in Stellung gebracht, in deren

Reichweite wir uns halbwegs sicher fühlten. Denn die konnte im Ernstfall ganz schön losballern.
Das Kleeblatt, so sagte Mutti, wenn sie von Leo, mir und sich sprach, ging eines späten Nachmittags um Hasenfutter. Wir wussten aber auch, dass die KZ-Insassen in diesem Gebiet (heute J. G. Albrechtsbergerstraße) Künetten gruben. Darin sollten Leitungen verlegt werden, in denen Trinkwasser von der Pumpstation zur Kaserne transportiert werden sollte. Ich fühlte mich an diesem Ort unbehaglich. Die Künetten hatten etwas unheimlich Bedrohliches. Sie waren tief. Außerdem tat es mit weh, wenn ich all das Elend sah. Ganz besonders unmenschlich gingen die Kapos vor. Sie waren selbst KZ-Insassen, die einen Arbeitstrupp ihrer Mithäftlinge befehligten. Man erzählte sich, dass das die „schweren Jungs" seien. Verurteilte Verbrecher, deren Brutalität dem Regime nur gelegen kam. So musste sich niemand vom Wachpersonal die „Finger dreckig machen". Und die Kapos wurden vermutlich für ihre „Dienste" mit allerlei Vergünstigungen belohnt. Interessant, dass die Bezeichnung Kapo ausgerechnet aus dem Französischen – caporal, Unteroffizier – stammt. Wir waren in der Nähe der Baustelle, da sah ich, wie sich zwei Hände am Rand der Künette festkrallten. „Wasser", bettelte eine Stimme aus der Tiefe. Der Kapo beugte sich hinunter und sagte nur: „Weiterarbeiten". „Durst", kam wiederum die Stimme aus der Tiefe. Das machte den Kapo wütend. Er sprang mit seinen Holzschuhen auf die Finger und nochmals und nochmals. Die Schmerzensschreie waren fürchterlich. Auch ich begann nun laut loszuweinen. Mutter stürzte wie eine Furie auf den Kapo, packte ihn, schrie ihn an und beutelte wie verrückt an dem Mann herum. Auch das Wachpersonal

wurde nun aufmerksam und eilte herbei. Der Kapo wurde abgeführt. Was mit dem Verletzten geschah, weiß ich nicht.

Zwei Jahre später, auch damals war ich noch ein Kind, wiederholte sich alles wieder. Sudetendeutsche zogen müde und hungrig den Kasernenberg hinauf. Die Alliierten, die gegen das Böse auf dieser Welt zu Felde gezogen waren, hatten zugelassen, dass neue totalitäre Regime sie aus ihrer Heimat vertrieben hatten. Am Buckel trugen sie ihre verbliebenen Habseligkeiten mit sich. Viele Familien zogen in Leiterwägen die alten Großeltern oder das neugeborene Baby mit. Nun war die Kaserne Flüchtlingslager. Vater war Koch im Lager und ich erinnere mich, dass oft spät in der Nacht jemand an unsere Wohnungstür klopfte: „Geh Poldl, steh auf, es ist wieder ein Zug mit Flüchtlingen am Bahnhof angekommen. Die Leute haben Hunger." Wortlos schlüpfte mein Vater in Hose und Hemd und ging los. „Viele haben schon tagelang nichts Warmes im Magen gehabt", erzählte er oft meiner Muter, wenn er dann müde und nachdenklich nach Hause kam.

21 Der Fliegerangriff

Es war drückend heiß an jenem 8. Juli 1944. Wie so oft um die Mittagszeit heulte die Sirene - Fliegeralarm. Eilig hatte es niemand. Die Menschen waren wegen der zahlreichen Fliegeralarme in der jüngsten Zeit bereits abgestumpft. So packten wir auch dieses Mal gemächlich unsere Rucksäcke mit dem Notproviant auf den Rücken, hängten die Kisterl mit den Gasmasken um den Hals und schlenderten in Richtung Luftschutzkeller. Die tschechischen Zwangsarbeiter der nahen Tischlerei Bergen (ehemals Wrchota) hatten dort, wo Kasernberg und Kronbichl zusammentreffen, vor einiger Zeit einen Stollen gegraben. Der Eingang zum Keller lag schräg vis-à-vis des Mayreder-Stadels (Prinzlstraße 17) unter dem heutigen Haus der Familie Fahrngruber.

Wir wohnten im Haus Prinzlstraße 287 (heute Hausnummer 13). Damit war der Luftschutzkeller nur einen Steinwurf von unserer Wohnung entfernt. Mutter nutzte diesen Vorteil, um manchmal - wenn noch keine feindlichen Flugzeuge zu hören waren - nach dem halbfertigen Essen auf dem Herd zu sehen.

Es waren immer die gleichen Menschen, die man im Luftschutzkeller traf. Und auch das „Warte-Ritual" war stets das gleiche: Die Männer standen in einer Gruppe auf der Straße. Wir Kinder mussten mit unseren Müttern beim Eingang des Kellers bleiben. Auch an diesem Tag deutet nichts darauf hin, dass es einer der schlimmsten Bombenangriffe auf Melk werden sollte.

Ein kaum hörbares Geräusch unterbrach das Reden der Erwachsenen. Alle schauten zum Himmel empor. Zunächst waren nur kleine schwarze Punkte zu sehen. Doch sehr rasch wurden sie größer. Es war keine Seltenheit, dass die feindlichen Bomber auf der Ost-West-Route zu ihren Einsatzorten über Melk flogen.

Trotzdem gingen wir in den tiefer gelegenen Raum der Stollenanlage. „Wo werden die ihre Bomben abladen", hörte ich Frau Frank noch zu meiner Mutter sagen. Im selben Augenblick stürzten die Männer von der Straße in den Luftschutzkeller. Die Stimme von Herrn Sulzer, unserem Luftschutzwart, überschlug sich: „Sie haben abgedreht. Sie kommen zurück". Er hatte noch nicht fertig gesprochen, da fielen schon die ersten Bomben.

Es war ein Surren und dumpfes Dröhnen. Immer wieder detonierten die Bomben mit dem ihnen typischen, dumpfen Laut. „Wumm, wumm". Es war, als würde die Welt zusammenbrechen. Dazwischen bellten die Geschütze der Fliegerabwehr, die am Uhrturm der Kaserne stationiert war. Für jemanden, der so etwas nicht erlebt hat, ist es kaum zu beschrieben, was ein Kind in diesen Minuten der schrecklichen Angst mitmacht. Noch heute, mehr als 60 Jahre danach, höre ich manchmal das Detonieren der Bomben und das Abwehrfeuer der Flak.

Herr Sulzer versuchte, die Türe des Luftschutzkellers festzuhalten. Doch durch den enormen Luftdruck wurde er immer und immer ins Freie gerissen und wieder zurückgeschleudert. Es sah aus, als würde er sich mit der Türe einen Kampf auf Leben und Tod liefern. „Wettl, Wettl!" Immer wieder rief er nach seiner Frau, die in alter Gewohnheit noch rasch in die Wohnung gegangen war, um das Mittagessen fertig zu kochen.

Ich weiß nicht, wie lange der Spuk dauerte. Wie wir später erfahren haben, waren es mehrere Staffelverbände, die ihre Bomben in einem breit gefächerten Teppich von Roggendorf bis weit über die Kaserne hinaus Richtung Pöchlarn auf uns abgeworfen hatten. Mit einem Mal war es still, fast gespenstisch still. Niemand war in der Lage, irgendetwas zu sagen. Jeder war froh, mit dem Leben davongekommen zu sein. Herr Sulzer war der erste, der sich wieder gefangen hatte. Langsam öffnete er die Türe, da kam auch schon seine Frau mit rußverschmiertem Gesicht in den Keller gerannt. Auch die ersten Verwundeten wurden bereits hereingetragen. Ich erinnerte mich noch gut an einen Soldaten, den ein Stein in den Rücken getroffen hatte. Es war kein Blut zu sehen, doch seine Schmerzenschreie hatten nichts Menschliches mehr.

Aufgeregt kam nun auch Frau Schulz, die Frau des ehemaligen Kasernkommandanten, mit Richard, ihrem Sohn, in den Keller gelaufen. Ihre Gesichter waren rußverschmiert. Sie hatten den Angriff im Keller des Uhrturms miterlebt. Durch den Luftdruck der Detonationen waren sämtliche Putztüren der Rauchfänge herausgerissen worden. Frau Schulz erzählte, dass einige Gebäude der Kaserne völlig zerbombt wären und brannten. Auch das Objekt 10, in dem die Häftlinge des Konzentrationslagers hausten, wurde von den Alliierten dem Erdboden gleichgemacht.

Das aufgeregte Stimmengewirr wurde von der angstverzerrten Stimme von Herrn Sulzer übertönt: „Sie kommen zurück, sie kommen zurück!"

Mutter versuchte Leo und mich in einen Querstollen zu drängen, der für einen Notausgang vorgesehen war. Als sie mich anfassen wollte, brachen die aufgestaute Angst und die eben erlebten schrecklichen Erlebnisse aus meiner kindlichen Seele auf: „Ich geh nicht mehr zurück, ich geh nicht mehr zurück", schrie ich, stampfte auf und zappelte mit den Beinen.

Zu unserem Glück zogen die feindlichen Flieger ab und man bald hörte dann nur noch das immer leiser werdende dumpfe Dröhnen der Flugzeugmotoren.

Mutter und Leo nahmen mich in die Mitte. Mit weichen Knien traten wir aus dem Erdbunker, wo uns schon Dr. Schatzl, der damalige Primar des Melker Krankenhauses, Bürgermeister Mistelbacher und ein Trupp Männer aus der Stadt entgegenkamen. Alle trugen Schaufeln bei sich. Als man sich über die Wucht des Bombenangriffs im Klaren war, hatten die beiden Männer sofort einen Hilfstrupp organisiert. Die Helfer hatten befürchtet, dass der Erdkeller dem enormen Detonationsdruck nicht standgehalten hatte und wir verschüttet wären. Heute weiß ich, dass die Männer damals Recht gehabt haben. Hätte auch nur eine Bombe den Erdhügel direkt getroffen, wären wir vermutlich alle tot gewesen. Wir hatten unwahrscheinliches Glück.

Rasch eilte Mutter mit uns Richtung Wohnung. Im Dreck des Straßenrandes lag ein blutiger Klumpen Fleisch. Es war der abgerissene Kopf eines Bewachungssoldaten. Noch heute vermeide ich es, nach Einbruch der Dunkelheit über den Kasernberg oder das Offizierswegerl zu gehen.

Daheim angekommen, köchelte noch die Rindsuppe am Herd. Mutter zog den Topf weg und sagte in einem Tonfall, der von vornherein keinen Widerspruch zuließ: „Wir gehen zum Reithner auf die Hub". Sie packte das Notwendigste zusammen, schloss die Wohnungstüre ab und wir marschierten los. Als wir zur Pielachbrücke kamen, sahen wir schon von weitem eine nur allzu gut bekannte Gestalt. Herr Reithner hatte sich aufgemacht, um uns zu suchen. Er schloss meine Mutter in die Arme: „Ich bin so froh, dass ihr noch lebt"! Von der Hub aus, die nordöstlich von Melk auf einer Anhöhe liegt, konnten wir dann das ganze schreckliche Ausmaß der Zerstörung des alliierten Angriffes sehen.
Von diesem Tag an mied Mutter den Keller am Kasernberg und ging mit uns nur noch in die sicheren Luftschutzkeller im Weinkeller des Stiftes.

Beim Bombenangriff vom 8. Juli 1944 starben allein in der Kaserne 424 Menschen. Wochen später sprach ein Unteroffizier meine Mutter an. Er erzählte ihr, dass er einen Freund suche, der zur Zeit des Angriffes zu einem Patrouillengang eingeteilt war. Er hat ihn dann gefunden - Eine Achselklappe, die auf einem Baum hing, war alles, was von ihm übrig geblieben war.

Die Kaserne Melk nach dem alliierten Bombenangriff

22 Die Torte

Wieder einmal waren wir unsanft aus dem Schlaf gerissen worden. Drei Mal hatte die Sirene geheult. Alle wussten nur zu gut, was das bedeutete - feindliche Flieger waren im Anflug auf unsere Grenze. Mit dem dreimaligen Sirenengeheul wurde die Bevölkerung gewarnt, dass feindliche Flieger in der Haupteinflugschneise über Stein am Anger gesichtet worden waren. Dann versuchten Jagdflieger oder Fliegerabwehr die Maschinen abzudrängen oder abzuschießen. Gelang dies nicht, löste ein ständig auf- und abschwellender Sirenenton Alarm aus. Das war dann das Signal, den Luftschutzkeller aufzusuchen.

Zu dieser Zeit gab es ein Sprüchlein, das jedes Kind kannte:
„Zwischen Raab und Stein am Anger
fliegt a Kampfverband, a langer.
Links ka Jaga (Jagdflugzeug)
Rechts ka Flak,
vielleicht bricht er sich selbst das G'nack".

Und jedes Mal bei Fliegeralarm die gleiche Prozedur: Raus aus dem warmen Bett und hinein in das Gewand, das jeder von uns am Abend zuvor ordentlich und fein säuberlich hingelegt hatte - eben, um es im Alarmfall sofort zur Hand zu haben. Das Luftschutzgepäck stand griffbereit bei der Türe. Es bestand aus dem Rucksack, in dem ein Kilo Brot, ein Achtel Butter, ein Messer, eine Flasche Wasser eingepackt waren. Nicht zu vergessen die Gasmasken, die wir in einem Holzkisterl an einer Schnur um den Hals trugen.

Schlaftrunken saßen Mutter, Leo und ich nun beim Küchentisch und warteten, wie es weitergehen würde. Mutter hatte am Vorabend eine Torte gebacken, die nun verlockend vor uns stand. Die „Kriegs-Torten" waren mit dem heutigen Backwerk nicht zu vergleichen. Der Teig bestand aus schwarzem Mehl, etwas Butter und einem Ei. Um die Torte essen zu können, musste sie mehrmals durchgeschnitten und dick mit Pudding gefüllt werden. Obendrauf kam statt einer Glasur ein Karton und darauf noch ein Ziegelstein, mit dem die Torte beschwert wurde, damit sie am nächsten Tag, saftig und essbar war.

> Blätterteig.
>
> 4 dkg Kunsthonig, 3 dkg Butter, 1 Ei, 8 dkg Zucker auf dem Ofen rühren, 25 dkg glattes Mehl, 1 Messerspitze Natron.
>
> 4 Blätter backen.

Die Zutaten für eine „Kriegstorte"

Nun stand der süße Leckerbissen auf dem Tisch und, wer weiß, vielleicht nahmen die feindlichen Flieger gerade Kurs auf Melk.

Begierig beäugte Leo das gute Stück. Nach einer Weile meinte er mit dem ihm damals schon typisch trockenen Humor: „Wir sollten die Torte aufessen. Stellt euch vor, wir hätten einen Volltreffer. Wir alle wären tot und die Torte wäre auch hin." Mutter wollte dies natürlich nicht gelten lassen. Doch mein Bruder hatte es sich nun einmal in den Kopf gesetzt, wenigstens ein kleines Stück von der Torte abzubekommen.

Nach langem Hin und Her und öder Warterei willigte meine Mutter schließlich ein. Das Küchenmesser wurde geholt und ordentliche Stücke aus der Torte herausgeschnitten. Im Nu war kein Krümelchen mehr übrig. Satt und schläfrig saßen wir nun da.
Da, ein lang gezogener Ton - Entwarnung. Mutter blickte uns an, Leo streichelte mit großer Genugtuung über seinen Bauch. Zufrieden gingen wir wieder zu Bett, um den jäh unterbrochenen Schlaf fortzusetzen. Am nächsten Tag, es war ein Sonntag, stand zum Nachtisch eine Torte auf dem Tisch. Wie meine Mutter das zustandegebracht hatte, weiß ich bis heute nicht. Aber die Frauen waren wahre Überlebenskünstlerinnen.

23 Kochrezepte

Weil in den Kriegsjahren Lebensmittel streng rationiert waren, mussten sich unsere Mütter von dem Wenigen, das wir aufgrund der Zuteilung an Lebensmittelkarten bekamen, noch einiges abzweigen. Nur so war es möglich, dass auch manchmal ein Kuchen auf den Tisch kam. Ich habe all die Jahre die Rezepte meiner Mutter aus der Kriegszeit aufgehoben.
Hier einige davon: Als Kostprobe und als Dank an all die Frauen, die ihre Kinder durch diese schlimme Zeit gebracht haben.

R E Z E P T E :

Opfenkartoffeln:
5 dkg Fett, 2 Zwiebel, 2 Teller Kartoffel, Salz. Zwiebel gibt man in Topf, im Fett röstet man feingeschnittene Zwiebel, gibt geschälte, gekochte und in Scheiben geschnittene Kartoffel dazu, wärmt dies gut durch und gibt den passierten Topfen darunter.
Dazu reicht man frischen Krautsalat oder Sauerkraut.

Topfkuchen:
15 dkg Mehl, 2 Teelöffel "Backin", 5 dkg Zucker, 1 Ei, 6 dkg Butter.
Belag: 75 dkg Topfen, 1/8 Ltr. Milch, 10 dkg Zucker, 2 Eier, 1 Packerl Vanillesoßenpulver, 1 Teelöffel Backin, 1/2 Packerl Vanillepuddingpulver.
Das mit Backin gemischte Mehl wird durch ein Sieb auf ein Backbrett gegeben, in die Mitte gibt man den Zucker und das ganze Ei und verrührt alles zu einer Masse. Die kalte Butter wird hineingeschnitten ... reibt man den Topfen durch ein Sieb ... verrührt mit der Milch. Dann gibt man Zucker, Butter, Vanillesoßenpulver, Backin und zuletzt den Eischnee dazu. Man füllt die Masse auf den Teig und bäckt 50 Min. bei Mittelhitze.

Kartoffelkipferl:
25 dkg Mehl, 25 dkg gekochte geriebene Kartoffel, 10 dkg Zucker, 6 dkg Fett, 1 Ei, Salz und Zitronenschale, 1 bis 2 Löffel Milch, 1 P. Backpulver und Marmelade zum Füllen.
Von den Zutaten wird ein Teig bereitet, der 1/2 cm dick ausgerollt wird in Vierecke geschnitten, auf jedes Viereck kommt ein Teelöffel feste Marmelade, man formt Kipferl und bäckt diese lichtgelb.

Kartoffelkrümelkuchen:
50 dkg gekochte Kartoffel, 20 dkg Zucker, 40 dkg Mehl, 8 dkg Fett, Vanillezucker, Zitronenschale, 2 P. Backpulver und Marmelade zum Füllen. Fett und Zucker rührt man schaumig, gibt Vanillezucker, Zitronenschale und das mit Backpulver gemischte Mehl dazu und mischt die geriebenen Kartoffel dazu. Die Hälfte des Teiges drückt man in eine gefettete Tortenform und die zweite Hälfte des Teiges wird darauf gestreuselt. Der Kuchen wird ungefähr 40 Min. gebacken und am anderen Tage mit Marmelade gefüllt.

20 dkg Bohnen werden am Tag vorher gekocht und heiß passiert. 5 dkg Butter, 1 Ei, 1 Löffel Marmelade, 5 dkg Vanillezucker, Zitronenschale und Saft, etwas gestoßene Nelken und 2 Löffel Rum. Dies wird gut verrührt mit dem passierten kalten Bohnen vermischt, etwas Salz und halbes Backpulver dazugegeben. Langsam backen. Man kann die Torte mit folgender Fülle füllen:
Etwas Kakao, Milch, Brösel, Haferflocken und Staubzucker kochen lassen und ausgekühlt in die Torte füllen.

Unglaublich, woraus unsere Mütter etwas zu essen gemacht haben

24 Alltag im Luftschutzkeller

Die Behinderung von Frau Pischinger machte den Kriegsalltag nicht leichter. Doch die Menschen in dieser Zeit hatten gelernt zusammenzuhalten. Bei Fliegeralarm wurden Frau Pischinger und der kleine Gerhard samt Luftschutzgepäck in ein Leiterwagerl verfrachtet, das immer griffbereit im Schuppen stand. Die beiden großen Buben spannten sich wie zwei Pferde davor und rannten mit ihrer Fracht den Berg hinunter bis zur Donaulände. Auf der Höhe der Statue des Heiligen Kolomans wurde „ausgeladen" und das Wagerl im Gebüsch versteckt. Leo und Fredl liefen mit den Rucksäcken voraus, ich nahm Gerhard an der Hand und meine Mutter stützte Frau Pischinger So liefen wir - so schnell eben jeder konnte – den schmalen, steilen Weg in den Stiftskeller. Auf unseren Weg hätten wir auch im Bunker im Stiftsfelsen Zuflucht suchen können, dessen Eingang unmittelbar neben dem „Nibelungenwirt" lag. Aber meine Mutter muss wohl unter Klaustrophobie gelitten haben und so hat sie gerne den weiteren Weg in den geräumigeren Stiftskeller in Kauf genommen. Während des Krieges waren auf der Nordseite zwei Türen aus das Mauer des Kellergewölbes herausgebrochen worden, um der Bevölkerung den Weg in den Stiftskeller zu verkürzen. Einer, so erinnere ich mich, hat sich besonders um die Schutzsuchenden bemüht. Der spätere Abt des Stiftes, Reginald Zupancic, war Luftschutzwart im Stiftskeller. Er wusste stets über die Situation draußen Bescheid. Ob über Volksempfänger oder Funk, weiß ich nicht. Ich erinnere mich nur, dass er immer im Keller umherging und die Menschen laufend informierte. Das Wissen um

die Vorkommnisse draußen und seine beruhigende
Stimme trugen zur allgemeinen Ruhe bei.

Einmal, wieder waren wir auf der Flucht vor den
Fliegerangriffen, hörten wir die Motoren der feindlichen
Flieger gefährlich nahe dröhnen. „Schnell, schnell", rief
meine Mutter. Die Buben schmissen den Leiterwagen ins
Gebüsch. Ich lief mit Gerhard los und hörte meine Mutter
noch sagen: „Stützen Sie sich fest auf mich!" Da riss ein
Scharnier an Frau Pischingers Prothese. Sie konnte
keinen Schritt mehr gehen. Wie meine Mutter sie doch
noch auf die Beine gebracht hat, weiß ich nicht. Und da
waren die feindlichen Flieger auch schon über uns.
„Lauft!", schrie meine Mutter. Leo und Fredl packten
Gerhard und mich bei der Hand und wir vier Kinder
liefen so schnell wir konnten in den Stiftskeller. Als
meine Mutter mit Frau Pischinger nicht und nicht
nachkam, riss ich mich von meinem Bruder los, lief zur
Tür und schrie nach meiner Mutter. Nach endlos langen
Minuten tauchten die beiden Frauen schließlich auch am
Eingang auf.
Zum Glück war der Aufstieg zum Stift zu beiden Seiten
mit Bäumen bewachsen. Ich gehe heute oft über das
Wegerl und bin dem kleinen Wald noch immer dankbar,
dass er damals sein Blätterdach schützend über unsere
panische Flucht gehalten hatte.

Nach diesem Erlebnis, mussten wir einen
Luftschutzkeller suchen, der näher und damit rascher
erreichbar war. Im Weinkeller des Gasthaus Veigl fanden
wir ein neues „Domizil". Wie in jedem Luftschutzkeller
gab es auch „beim Veigl" eigene Rituale und es waren
auch immer die gleichen Menschen, die dort Zuflucht

suchten. Ich erinnere mich noch gut an Frau Gassner, deren Wellensittich auch mit in den Keller musste und an seine „Liebeserklärungen" an meinen Bruder: „Burschi Bussi, Burschi Bussi", kreischte er sobald er Leo sah. Oder Familie Bathlog mit ihrer Tochter, der Lehrerin Waltraud Bruck, und deren Tochter, die ob ihrer schönen blauen Augen liebevoll „Gucki" genannt wurde.

Eines Tages fielen Bomben in den Donauarm. Wir spürten ganz deutlich die enorme Druckwelle. Beim Detonationsgeräusch stand Frau Pischinger auf, blieb steif wie eine Statue stehen und konnte nicht mehr zum Niedersetzen bewegt werden.

Ich erinnere mich auch an unseren Sitzplatz. Er war vor einem großen Weinfass. Wann immer Detonationen zu hören waren, drückte Mutti Leo und mich ganz fest an sich: „Wenn wir einen Treffer haben, dann sollen wir alle drei tot sein. Keiner soll alleine bleiben."

Bruder „Burschi" Leo war natürlich auch mit von der Partie

Ein stolzes Mädchen mit ihrem Vati an der Donau

In der Au wurde jedes Fotomotiv genutzt

25 *Die dicke Lisl*

Wie die dicke Lisl geheißen hat, habe ich nie gewusst. Sie hieß einfach so und alle sprachen von ihr. Das Besondere an ihr war: Sie hatte zwei Goaß (Ziegen). Dementsprechend nutzte sie jeden Rain und jedes Fleckerl Grün aus, um Gras oder Heu als Futter für ihre Tiere zu bekommen. Sie hatte auch einen Wiesen-Streifen nahe an der Kaserne gepachtet. Schon früh am Morgen mähte sie das Gras, um es dann als Heu in ein oder zwei Tagen heimzuführen. Da kam sie dann mit ihrem großen Leiterwagen, sie packte unendlich viel von dem Goaßfutter auf den Wagen, spannte sich selbst mit einem Strick vor und ab ging's.
Wir Kinder beobachteten ihre Heuernte immer mir großem Interesse. Denn sobald das Gras etwas angetrocknet war und die Lisl es gewendet hatte, traten wir in Aktion. Das duftende Heu wurde fein säuberlich auf einen Haufen zusammengetragen und dann krochen wir allesamt durch den Heutunnel. Es war ein unglaublicher Spaß für uns durch diesen herrlich duftenden Heuhaufen durchzukriechen und am anderen Ende wieder ans Licht zu kommen. Ein Kind wurde zum Aufpassen abkommandiert, denn der Lisl bereitete unsere Aktion verständlicherweise keinen Spaß.
Einmal war der Aufpasser zu unachtsam und wir bemerkten die Lisl erst, als sie schon mit ihrem Leiterwagen um die Kurve kam. Da stand sie nun. Wir waren ganz verdutzt und auch Lisl musste sich erst einmal einen Überblick über die Lage verschaffen. Die Zornesröte stand ihr im Gesicht, sie schnaufte einmal kräftig durch und dann donnerte sie los: „Ihr Krippln, die Haxn hau i eich oh, wann i eich no amoi dawisch, wann's

ma mei Hei z´trampelts." Ob der unmissverständlichen Botschaft kam Leben in die Kinderschar und wir rannten so schnell uns die Füße tragen konnten, nach Hause. Aber Lisls Heu wäre ohnehin schon bald vor uns sicher gewesen. Denn die Zeit wurde immer gefährlicher. Man wusste nie, ob nicht plötzlich ein feindlicher Jagflieger seine Salven vom Himmel feuerte und auf alles schoss, was sich bewegte - auch auf uns Kinder. „Es ist mir lieber, wenn ihr keine lebende Zielscheibe abgebt. Spielt lieber im Hof", schränkte daraufhin meine Mutter unseren kindlichen Forscherradius ein.

26 Bruder Krampus

Die Nähmaschine ratterte ihr ewiges Lied. Mama nähte Krampuslarven für Leo und seine Freunde. Hässlich sahen diese Dinger aus schwarzem Stoff aus. Roter Stoff umsäumte Augen und Mundöffnungen und auch die lange rote Zunge durfte nicht fehlen.
Tagelang sprachen Leo und seine Freunde von nichts anderem, als vom Krampuslauf in der Stadt. Der 5. Dezember war da. Ich sah den Jungs beim Anziehen zu und durfte auch zum Krampustreiben in die Stadt mitgehen. Es schneite dicke Flocken und es war auch bitter kalt. Als es finster wurde, gingen Mutti und ich heim. Da war es viel gemütlicher. Plötzlich vernahm ich weit weg das Rasseln von Ketten. Ich dachte, es wäre mein Bruder, der nach anstrengendem Herumlaufen nach Hause käme. Das Rasseln der Ketten kam näher und näher. Nun flog auch die Wohnungstür auf und in die Küche stürmten fünf Krampusse. Auf ihren Gesichtern die schaurigen Larven, die meine Mutter genäht hatte. Es blieb mir keine Zeit mehr, mich zu verstecken: Das Höllengesindel hatte mich umstellt. Ich musste beten und hoch und heilig versprechen, meinen Bruder nie mehr Trottel oder Idiot zu nennen. Ich hatte schreckliche Angst und versuchte, zu meiner Mutter zu gelangen, die beim Ofen lehnte. Doch ein Krampus schien es besonders auf mich abgesehen zu haben. Er ließ die Rute am Boden tanzen und freute sich, wenn ich herumhüpfte. Dann schwang er den großen Sack von seinem Rücken, warf ihn mir hin und sagte: „Teil´ auch mit deinem Bruder!". Da endlich ging mir ein Licht auf: Der Krampus war Burschi. Bevor die Kramperln das Weite suchten, fauchte ich den brüderlichen Krampus noch an: „Gelt, du

neidiger Kerl, damit du nicht zu kurz kommst". Dafür bekam ich noch eines mit der Rute übergezogen und weg waren sie.

27 Die Vanillekipferl

Für uns Kinder waren Mutters Vanillekipferl die besten.
In der Vorweihnachtszeit duftete das ganze Haus nach
diesen süßen Nascherein. Wie jedes Jahr hatte sie ihre
Vanillekipferl auch
in diesem Jahr im Kasten verstaut und – wohlweislich –
den Schlüssel abgezogen und ihn versteckt.

Ich glaube nicht, dass sie uns Kindern die Kipferl nicht
gegönnt hätte, aber es war sehr schwierig, während des
Krieges die benötigten Zutaten aufzutreiben, da die
Lebensmittel streng rationiert waren. Zum Nachtmahl
gab es meist trockenes Brot und eine Tasse Milch.
Weißes Mehl war selten und so wurde vorwiegend
dunkles Mehl verbacken. An allen Ecken und Enden hieß
es sparen.

Aber meine Mutter hatte es wieder einmal geschafft, alle
für die Weihnachtsbäckerei aufzureiben. Nur zu
verständlich, dass es vor dem Heiligen Abend keine
Kekse gab.
Tagelang schlichen Leo und ich um den Kasten, aus dem
es so lecker nach Vanillekipferl duftete. Aber wie sollten
wir an die Köstlichkeiten rankommen?

An einem Samstag, unsere Mutter ging wie jeden
Samstagabend ins Kino, versuchten wir unser Glück.
Alles Rütteln half nichts, die Tür ließ sich einfach nicht
öffnen. Da verschwand Leo und kam nach einer Zeit mit
einem Schlüssel und einer Feile zurück. Beinahe wäre es
geglückt. Aber die Rückkehr unserer Mutter vereitelte

den Coup. Die ganze Woche feilte Leo an seinem Einbruchswerkzeug. Als Mutter am nächsten Samstag wieder im Kino war, schlug den Kipferln ihre Stunde. Irgendwie hatte Leo es geschafft, die Kastentür stand offen und da lagen sie, die Objekte unserer Begierde: goldbraun gebacken, mit einer Zuckerschicht dick bestreut.

Damit unsere Mutter von unserem Tun nichts merkte, beschlossen wir ganz bescheiden zu sein und nur ein, maximal zwei Kipferl pro Kind zu verkosten. Leo hatte die verantwortungsvolle Aufgabe des Verteilens übernommen: „Gib i dir zwa, g´hoit ma i zwa". War ja auch gar nicht so schlimm. Und mit ein wenig Umverteilungsarbeit an den Verbliebenen fiel auch kaum auf, dass vier Vanillekipferl fehlten.

Das Fatale am Kipferl-Gusto zweier Kriegskinder ist, dass er ein unersättliches Monster ist. Jedes Mal, wenn Mutter außer Haus war, begann die Verteilungsprozedur erneut. Immer nur zwei Stück pro Kind. Aber solche Maßnahmen hält auch der größte Vorrat nicht aus und schließlich kam der Augenblick, wo Leo und ich feststellen mussten, dass kein Vanillekipferl mehr da war.

Als unsere Mutter kurz vor Weihnachten das Fehlen der Vanilliekipferl bemerkte, blieb uns nichts anderes übrig, als unsere Schandtat reumütigst zu gestehen. Ihr Blick war traurig, weil sie Vanillekipferl ebenso liebte wie wir Kinder. „Ich fürchte, dann bekomme ich heuer keine Vanillekipferl", war ihr einziger Kommentar, der uns Kinder mehr strafte als alle anderen Strafmaßnahmen. Und meine Mutter sollte Recht behalten. In diesem Jahr gab es nur Kekse und jedes Mal, wenn der Keksteller auf den Tisch kam, hatten wir ein schlechtes Gewissen.

28 Wieder Weihnachten ohne Vati

Dicke Schneeflocken tanzten vom Himmel. Die Welt sah aus, als ob ein durchsichtiger Vorhang vom Himmel fallen würde. Der Gartenzaun hatte dicke Schneepolster aufgepackt und die Eisblumen am Fenster rückten immer höher. Es war bitter kalt. Das Heizmaterial war knapp und so konnten wir nur den Küchenherd heizen. Vati hatte keinen Fronturlaub bekommen und so stellten wir uns auf ein geteiltes Weihnachtsfest ein. Ich weiß nicht, ob meine Mutter damals mit meinem um sechs Jahre älteren Bruder Leo darüber gesprochen hat, aber mir hat sie nie erzählt, wo mein Vater gerade stationiert war. Alles, was ich wissen musste war, dass es meinem Vati gut ging – vielleicht war das auch gut so.

Mutti war eifrig dabei, Kasperl und Puppen zu nähen. Puppen waren rar und daher als Geschenke sehr begehrt. Mutter konnte sie gegen ein Stück Geselchtes, ein paar Eier oder ein Häferl Schmalz bei bekannten Bauern eintauschen. Ich sprach in der Vorweihnachtszeit von nichts anderem, als von der Puppe, die ich mir so sehr wünschte. „Die Zeiten sind schlecht und das Christkind arbeitet schon genug", dämpfte Mutti meine Erwartungen. „Wer weiß, ob es das auch noch schafft, ein Puppenkind für dich zu machen."
Ich hingegen verließ mich da ganz auf das Christkind und seine vielen Helfer. Auch einen Namen hatte ich schon für meine Puppe: Heidi sollte sie heißen.

Am 24. Dezember, zeitig am Morgen, heizte meine Mutter den Kachelofen im Schlafzimmer an. Das war ein

untrügliches Zeichen, dass die Ankunft des Christkindes kurz bevor stand. Da ich, so wie Mutti am 24. Dezember Namenstag feierte, musste ich nie bis am Abend auf das erste Geschenk warten. Mutti gratulierte mir an diesem Tag mit einem entzückenden Wurstel. Dafür gab es für sie ein dickes Bussi und viele gute Wünsche. Bruder Leo musste natürlich wieder den großen Bruder herauskehren. Er stakste um mich herum und spottete das „klane Mentsch" wegen des Wurstels aus, bevor er mir dann doch auch gratulierte.
Nachmittags zogen Leo und ich mit dem Schlitten los. Die Rodelbahn führte ganz nahe an unserem Haus vorbei. So richtig Spaß mit dem Schlittenfahren hatte ich aber nicht. Ich war viel zu aufgeregt. Würde eine Puppe unter dem Christbaum sitzen, hatte das Christkind alle Wünsche rechtzeitig geschafft? Langsam kamen mir Zweifel.

In der Küche war es behaglich warm. Mutti und Leo tuschelten miteinander. In einem unbeobachteten Augenblick lief ich schnell zur Zimmertüre und guckte durchs Schlüsselloch. „ Ein Engerl", rief ich. Leo zog mich rasch von der Türe fort und Mutti huschte ins Weihnachtszimmer. Ich war ganz verklärt, hatte ich doch ein Engerl des Christkindes gesehen. Da, läutete es ganz fein, ein Zeichen, dass das Christkind oder seine Helfer mit ihrer Arbeit fertig waren. Langsam öffnete Mutter die Türe. Und da saß es, mein Engerl. Es war die wunderschönste Puppe, die je ein Kind vom Christkind bekommen hatte. Glücklich schloss ich meine Heidi in die Arme.

Heidi musste von nun an natürlich mit in den Luftschutzkeller kommen. Ich konnte doch mein Kind nicht alleine lassen. Im Mai 1945 flüchteten wir nach Oberösterreich. Dieses Mal musste ich meine Heidi zurücklassen. Als wir wieder nach Melk kamen, war meine Heidi weg. Ich war untröstlich, aber auch in dieser Situation hatte Mutti tröstende Worte: „Vielleicht braucht eine andere Puppenmutti dein Püppchen nötiger als du". Da wusste ich, dass es meiner Heidi gut ging.

Mein „Engerl" Heidi.
Bei der Flucht musste ich sie zurücklassen

29 Der Uller

Leo wurde im Februar 1945 zu einem Schikurs der HJ (Hitler Jugend) nach Ebensee auf den Feuerkogel einberufen. Trotz der prekären wirtschaftlichen Lage, musste meine Mutter Schier kaufen. Dazu mussten sie und Leo nach Ybbs fahren, weil sie nur dort erhältlich waren.

Freudestrahlend kam Leo mit seinen Schiern, sprich: langen Eschenlatten, nach Hause. Seiner großen Reise stand nichts mehr im Wege. Mutter stattete ihn noch mit warmer Mütze und Pullover aus. Auch das war zu dieser Zeit gar nicht so leicht, denn Wolle war Mangelware. Also wurde ein älterer Pullover aufgetrennt, irgendwo konnte sie noch zwei Knäuel Wolle auftreiben und Leo bekam einen neuen-alten Pullover gestrickt und für eine Mütze war auch noch genug Wolle da.
Am Bahnhof gab es noch gute Ratschläge und Verhaltensregeln und dann dampfte auch schon der Zug heran und Leo stieg mit den anderen Buben ein. Noch lange winkten wir ihm nach. Das Letzte, das ich von ihm sah, waren die langen, weiß gestrichenen Eschenbretteln.

„Acht volle Tage ist er nicht da", dachte ich bei mir und freute mich, dass ich Mutti die ganze Zeit für mich alleine haben würde. Außerdem war nun niemand da, der mich ständig bevormundete und hänselte. Wie bei großen Brüdern üblich, hatte Leo ein ganz spezielles Zeichen entwickelt, um mich zu ärgern. Er malte mit dem Zeigefinger ein imaginäres Zeichen in die Luft - einen Aufstrich, eine Abwärtsbewegung und dann wieder aufwärts. Dabei sagte er nur „Auf - Ab - Aus", und schon ging mein lautstarkes Protestgeschrei los. Ich wusste nämlich, was es bedeutete: „Dep-per-te". Mama hatte ihm verboten, mich mit diesem Wort zu bedenken, also hatte er dieses Geheimzeichen „entwickelt" und mich - wohl wissend, dass ich mich maßlos darüber aufregen werde - eingeweiht.

So schön wie ich es mir ausgemalt hatte, war es aber dann doch nicht: Schon am dritten Tag fehlte er mir bereits. Ich hatte den ungehobelten Rüpel ja doch gern. Mutter machte sich hingegen ganz andere Sorgen, weil es zu dieser Zeit sehr viele Fliegerangriffe gab.

Endlich war Leo wieder da - Sein Finger malte wie gehabt das „Auf-Ab-Aus"-Zeichen in die Luft. Ich brüllte - der Alltag hatte uns wieder.
Doch am Abend kam Leo zu mir und zog aus seiner Hosentasche ein rundes Holz, auf dem ein Schifahrer zu sehen war. Ich erinnere mich noch gut: Die Figur war in Metall getrieben und ausgeschnitten. „Ich hab dir einen Ulla mitgebracht", sagte Leo. Selig nahm ich das Ding und besah es von allen Seiten. Uller oder Ullr bedeutet der Ehrenhafte und war in der germanischen Mythologie unter anderem der Gott des Winters und der Schifahrt. Am nächsten Tag in der Schule war ich die Hauptperson, denn einen Ulla hatte niemand in meiner Klasse. Für mich war der Ulla damals ganz wichtig, weil er von meinem großen Bruder war, der mich ganz offensichtlich auch ein klein wenig gern haben musste.

Der Uller

30) Tiefflieger

Es war ein schöner Frühlingstag des Jahres 1945. Ich saß mit meinem Bruder Leo und seinem Freund Franzl wie schon so oft in der Mulde auf unserem Hügel. Es war unser Lieblingsplatz. Die jungen Herren hatten ein neues Hobby: Sie brannten mittels Brennlupe und Sonneneinstrahlung Muster in ein Stück Holz. Auch ich hatte ein Stück Holz in der Hand. Nur konnte ich natürlich nicht mit dem Brennglas umgehen. Entweder verbrannte ich mir die Finger oder das Sonnenstrahlenbündel verfing sich irgendwo in meinem Pullover.
Plötzlich eine MG-Salve über unseren Köpfen - Tiefflieger.
Wir sprangen in Panik aus unserem Versteck, kugelten mehr als wir liefen den Hang hinunter und rein ins sichere Haus. Ich weiß nicht, ob es Einbildung oder Wirklichkeit war: Ich konnte den Kopf des Piloten mit seiner schwarzen Fliegerhaube und der Fliegerbrille erkennen. Noch heute, wenn die Bilder in meiner Erinnerung auftauchen, sehe ich den Piloten.

Ein anderes Mal war Mutter mit Klein-Trude, die noch im Kinderwagen lag, und mir in der Stadt unterwegs. Trude war eine Cousine von mir, die meine Mutter kurze Zeit in Pflege hatte. Wie aus dem Nichts flogen plötzlich Schatten das Stift entlang - zwei Spitfire, englische Jagdflugzeuge. Von einem Augenblick auf den anderen stob die Menge auseinander. Die Menschen rannten um ihr Leben. Herr Dressl riss meiner Mutter den

Kinderwagen aus der Hand und schob ihn in das nächste Geschäft. Mutti und ich liefen nach. Aber auch andere Melker hatten sich in das Geschäft geflüchtet, Man hörte nur Salven von Bordwaffen, dann gespenstische Ruhe.
Mama schob den Kinderwagen aus dem Geschäft.
Verletzt wurde zum Glück niemand. Der Alltag kehrte wieder in unsere kleine Stadt ein.
Als die Alliierten ihre Angriffe bis ins feindlich-deutsche Hinterland fliegen konnten, hatte uns die ganze Brutalität der psychologischen Kriegsführung eingeholt. Niemand getraute sich so recht aus dem Haus. Und an der Front wussten die Soldaten, dass ihre Familien bereits Ziel feindlicher Fliegerangriffe waren. Damit konnte man Krieg gegen die Zivilbevölkerung und gleichzeitig gegen einen entnervten militärischen Gegner führen.
War es notwendig das Haus zu verlassen, geschah das in höchster Eile und immer mit Blick zum Himmel. Man darf aber auch eines nicht vergessen: Auch die Piloten riskierten bei ihren Einsätzen, bei denen sie möglichst knapp über der Erde flogen und auf alles schossen, was sich bewegte, Kopf und Kragen.
Angreifer und Angegriffene in höchster Lebensgefahr: Braucht es mehr Beweise, um zu erkennen, dass Kriegführen furchtbar dumm ist?

31 Das Lazarett

Das Kriegsende war nahe. Stift Melk war zum Lazarett umfunktioniert worden. So gut es ging versorgten Ärzte und Sanitäter die Verwundeten, die in den Räumlichkeiten des Klosters untergebracht waren. Aber auch die Zivilbevölkerung suchte dort Schutz. Eines Tages machte Mutter mit uns den obligaten Rundgang, der uns manchmal in die entlegensten Winkel des Klosters führte. Dieses Mal spazierten wir vom Vorhof des Stiftes in Richtung Pausenhof. Dazu mussten wir den Durchgang, in dem die externen Gymnasiasten heute ihre Fahrräder abstellen, passieren. Als Mutter die Türe öffnete, sahen wir dicht aneinandergereiht und in Decken gehüllt die toten Soldaten liegen. Mutti war sehr erschrocken und sagte zu uns Kindern: „Wir wollen ihre Ruhe nicht stören." Dann schloss sie leise die Türe. Ich kann mich noch gut erinnern, dass Heinz, der Sargtischler, oft erzählte, er käme mit dem Zimmern der Särge nicht nach.
Viele Soldaten, die im Stifts-Lazarett starben, wurden auf dem Melker Friedhof begraben.
Den Gefallenen des 1. Weltkrieges ist ein Gedenkstein am Melker Friedhof gewidmet. Wie sieht es mit der Erinnerung an die toten Soldaten des 2. Weltkrieges aus? Wurden sie exhumiert, als auf dem Friedhof Platz benötigt wurde? Eigentlich traurig, dass sich niemand mehr an die toten Soldaten, die kurz vor Kriegsende damals dort begraben wurden, erinnert.

31 Im Stift

Als die Front im April 1945 immer näher kam, suchten viele Bewohner unserer Stadt Zuflucht im Keller des Stiftes. Mit Decken und Bettzeug „bewaffnet" war auch unsere Mutter mit uns im Stiftskeller eingezogen.
Die großen Weinfässer waren anfangs Furcht erregend, aber schon bald ein sicherer Hort. Jede Familie nahm bei einem Weinfass Platz und hatte so ihr Domizil. Der Platz wurde mit Rucksäcken und Decken abgegrenzt. Wir Kinder spazierten durch den Keller und besuchten bekannte Familien. Ein Mädchen, das etwas älter war als ich, wollte zu Hitlers Geburtstag am 20. April ein Fest veranstalten. Wir hatten auch schon Lieder und die Choreographie für den Auftritt geprobt. An eines kann ich mich noch gut erinnern. Der Text lautete:

Ich stell' mich Ihnen vor
als Tänzerin vom Chor,
als Tänzerin vom Stern
ein jeder hat mich gern.

Ich trag' ein Seidenkleid,
den Federhut so breit,
die Handschuh' aus Glacé
ein volles Portmonnaie.

Ach Lore, Lorlett
Ich schwärme fürs Ballett
Die Augen so braun von Natur
Die reizende Lockenfrisur
Die Füße so zart und so nett
Seht, das ist mein Ballett.

Aus der großen Feier für den Führer wurde aber nichts. Meine Mutter befand plötzlich, dass wir im feuchten Keller krank werden könnten und zog mit uns wieder nach Hause.

33 Heinz, der Sargtischler

Nicht nur die Geistlichen im Stift kümmerten sich um die Menschen, die hinter ihren Mauern Zuflucht suchten. Ich hatte das Glück einen besonderen Gönner zu haben.
Im Keller war es stickig und feucht. Deshalb achtete Mutter immer darauf, dass wir an die frische Luft kamen. Unsere Spaziergänge führten uns durch das ganze Stift. Eines Tages, wir waren gerade vom Wirtschaftshof kommend Richtung Gymnasialgang unterwegs, hörten wir Schritte. Um die Ecke bog ein deutscher Soldat, in der Hand ein großes Butterbrot. Als er uns sah, kam er auf uns zu, beugte sich zu mir herunter. „Iss es, du schaust nicht gut aus", lächelte er und drückte mir das Brot in die Hand. In der Tat, ich sah immer etwas unterernährt aus. Das lag aber nicht daran, dass ich nichts zu essen hatten, sondern vielmehr an der Tatsache, dass ich sehr heikel war, nicht viel aß und viele Kalorien meinem unbändigen Bewegungsdrang zum Opfer fielen.
Meine Mutter bedankte sich. Es war nicht alltäglich, dass ein Soldat einem Kind etwas zu essen schenkte. Heinz, so hieß der Soldat, erzählte uns, dass er zwei Kinder hätte. Und seine Tochter Waltraud sei auch so alt wie ich.
Heinz war Schreiner (Tischler) und für die Erzeugung von Särgen für die Soldaten, die im Lazarett starben, zuständig.
Heinz besuchte uns ab und zu auch zu Hause, brachte ein paar Leckerbissen aus der Stiftsküche mit und erzählte viel von seiner Familie in Deutschland, von der er schon lange keine Lebenszeichen mehr hatte.

*Ein letztes Foto –
bald müssen wir vor
der Roten Armee flüchten*

Vatis typische Beruhigungsbriefe an Mama

34 Der Küchendragoner

In der Prälatenküche wurde für die zahlreichen Flüchtlinge, die sich in unserer kleinen Stadt drängten, gekocht. Wenn „Not am Mann" war, halfen die Frauen der Stadt in der Küche mit.
Das Kommando über die Küche hatte eine ältere Dame, die ihr Reich mit eiserner Hand regierte. Straff zurückgekämmtes graues Haar, das am Hinterkopf von einem ganz korrekten deutschen Knoten zusammengehalten war, eine riesige Schürze vor dem Bauch – so kann ich mich an sie erinnern.
Auch meine Mutter half oft in der Küche aus. Eigentlich hatte die Küchenchefin mit Kindern keine Freude. Wenn sie mich mit Mutti ankommen sah, war ihr Gesicht alles andere als freundlich. Mutti beachtete ihren Ärger einfach nicht. „Ich helfe gerne, aber mein Mäderl kommt mit" war ihr Motto und weil doch viel Arbeit in der Küche anfiel, hatte der „Küchendragoner" keine andere Wahl. Leo war schon 14 Jahre und blieb ganz gerne zu Hause.
In der Küche gab es einen riesigen Herd und große Häfen (Töpfe). In diese wurde ganz einfach Mehl hineingeleert mit einem überdimensionalen Kochlöffel umgerührt. Das Mehl wurde heiß gemacht („linten", nannten es die Frauen). Sie mussten sehr aufpassen, dass das Mehl nicht anbrannte. Es gab kein Fett, also wurde mit Hilfe des „g´linten" Mehles eine Einbrennsuppe hergestellt.
Ich musste in einer Fensternische sitzen und untätig dem Treiben zusehen. Man kann sich vorstellen, wie langweilig mir oft war. Wenn ich mich dann doch einmal von meinem Platz schlich, genügte ein Blick des Küchendragoners und ich zog mich wie ein begossener

Pudel auf meinen Platz zurück. Etwas Gutes hatte die Sache aber doch: Die Damen aus der Küche, die auch unter ihrer „Fuchtel" standen, hatten mich ins Herz geschlossen und so bekam ich oft einen Apfel oder ein Butterbrot zugesteckt. Für die damaligen Verhältnisse ein wahres Festessen.

35 Kreisleiter Reindl

Ich frage mich heute oft, ob die einfachen Menschen mit ihrem unpragmatischen Denken die ganzen schrecklichen Entwicklungen nicht hätten stoppen können. Denn letztendlich galt die Sorge der Frauen in der Heimat, ihre Kinder durch die schwere Zeit zu bringen und möglichst bald ihre Männer wieder zu sehen. Ich denke, dass auch den Männern an der Front nach fast sieben Jahren Krieg nicht der Endsieg, sondern ein Ende des Kampfes und eine Rückkehr in ihre Heimat wichtig war.

Ich weiß nicht, ob die (Ehr)Furcht vor dem Regime in all den Jahren abgebröckelt war oder ob die Menschen nach den langen Entbehrungen einfach „Pfeifdrauf" waren - frei nach dem Motto: „Wir haben so viel durchgemacht, was könnt ihr uns noch antun, was ihr uns nicht schon angetan habt".

Meine Mutter, die, wenn´s drauf ankam, eine sehr resolute Frau (geworden) war, legte sich damals mit dem Kreisleiter an.
Als die Front im Februar 1945 schon nahe war, mussten die Pimpfe (Hitlerjungen) in der Kreisleitung (heutige Mädchen-Klosterschule in der Abt Karl Straße) übernachten.
Noch bevor Fliegeralarm ausgelöst wurde, wurde der Journaldienst in der Kreisleitung verständigt. Die Buben mussten dann zur Wohnung von Kreisleiter Reindl (Bahngasse, heute: Firma Schulz) laufen und ihm Bericht erstatten. Der wichtigste Mann in Melk zog sich dann in den Bunker zurück, der extra für ihn und andere hochrangige NS-Bonzen unter dem Stiftsfelsen gebaut

worden war. Auch Leo wurde zu diesem Dienst für „Kreisleiter, Volk und Vaterland" herangezogen.
Eines Tages hatte meine Mutter von dem Klamauk genug. Sie ging zur Kreisleitung - mich im Schlepptau -, ließ sich beim Kreisleiter anmelden und erklärte dem völlig verdutzten Reindl, dass ihr Sohn nachts gefälligst zu Hause sein hätte. Ihr Mann stehe an der Front und halte auch für ihn, den Kreisleiter, seinen Kopf hin. Wenn er aus dem Krieg heimkommen sollte, hätte er das Recht, seine kleine Familie gesund wiederzufinden. Sprach's, legte noch ein scharfes „Heil Hitler" nach und ging mit mir. Leo musste künftig nicht mehr Reindls Botenjunge spielen.
Ich weiß nicht, ob sich meine Mutter darüber im Klaren war, wie es hätte enden können, sich mit einem so hochrangigen Vertreter des NS-Regimes anzulegen.

36 Die Flucht

Das Ende des Krieges war ein einziges Chaos. Alle wollten einfach nur weg. Jeder hatte Angst vor dem Einmarsch der Russen. Auch die Zivilbevölkerung wurde in diesen Strudel der Endzeitstimmung hineingezogen. Informationen gab es keine mehr, öffentliche Einrichtungen funktionierten nicht, man musste sich auf gehörte und immer wieder nacherzählte Gerüchte verlassen.
Auch meine Mutter wusste nicht, ob sie mit uns vor den Russen flüchten oder den bevorstehenden Einmarsch der roten Armee in Melk abwarten sollte. Dieser eilte ein schrecklicher Ruf voraus. Mein Bruder, noch keine 15 Jahre alt, stellte sich mit seinem Luftdruckgewehr vor unsere Mutter und drohte unmissverständlich, jeden Russen zu erschießen, der meiner Mutter auch nur ein Haar krümmen sollte. In den Bildern der Wochenschau war der Krieg so einfach gewesen, das Abwehren der Feinde nie ein Problem.
Mutter beruhigte uns zwar immer wieder, aber wir spürten, wie sehr ihr die Sorge um die Familie zusetzte. Die feindliche Front rückte näher. Im Stift wurde alles für eine Räumung des Lazarettes vorbereitet. Auch Heinz, der Sargtischler, wusste, dass es jede Stunde so weit sein konnte.
Ich weiß nicht, ob es der 6. oder 7. Mai 1945 war, es war jedenfalls wenige Tage vor der deutschen Kapitulation, als der Abrückungsbefehl kam. Alle Verwundeten und die mobilen Einrichtungen wurden in die Autos verladen. Das beunruhigte die Zivilbevölkerung natürlich, denn nun war geschehen, was viele nicht wahrhaben wollten: Mit dem Abzug der Militärs hatte die politische Führung

in den Augen der Menschen die Niederlage nun offiziell eingestanden.
Irgendwo in diesem Gewirr von Menschen, die planlos herumliefen, trafen wir meinen Freund Heinz. Der Abschied war kurz, Leo bekam ein Brieferl in die Hand gedrückt, mit der Option, den Inhalt erst zu Hause zu lesen. Es war ein unendlich tiefes Gefühl des Alleingelassenseins, als wir heimgingen. In der Wohnung angekommen, öffnete Leo den Brief. *„Lieber Burschi* (Kosename meines Bruders)", stand da zu lesen, *„bring' deine Mutter und deine kleine Schwester in Sicherheit. Die Russen schänden alles und schrecken vor nichts zurück."*
Mama und Leo standen wie gelähmt da. Weil ich der Situation nicht gewachsen war, begann ich zu weinen. Da polterte es an der Haustüre. Schnell sperrten wir auf. Heinz stand davor. Die Soldatenmütze hatte er verkehrt aufgesetzt, Schweiß rann über sein Gesicht. Die Stiege zur Wohnung hinauflaufend rief er in seinem breiten deutschen Dialekt: „Rasch nehmt eure Rucksäcke, ich nehm' euch mit." Wir schnappten unsere Rucksäcke, in die meine Mutter schon vorsorglich das Nötigste eingepackt hatte und liefen zur Sammelstelle in den Stiftshof, wo der Konvoi schon abfahrbereit war. Heinz half uns noch in ein Fahrzeug. Ich kann mich noch erinnern, dass sich ein Wiener Sanitäter fürchterlich darüber aufregte, dass eine Frau mit zwei Kindern mitfahren sollte, aber das ging in den Wirren der Flucht unter. In letzter Minute war es uns dank der Hilfe von Heinz gelungen, vor den Russen zu flüchten. Es war auch das letzte Mal, dass wir Heinz sahen.
Unsere erste Station war Wieselburg. Im Lehrmittelzimmer einer ehemaligen Schule durften wir

übernachten. Der erste Schreck: Im Zimmer stand ein Gerippe. Bruder Leo meinte damals nur lakonisch „Lass den Boandlgeist, der tut dir nix". Auch ein Sack voll Reis stand in dem Zimmer. Ein Nahrungsmittel, das man während des Krieges nicht zu kaufen bekam. Mutter zog kurzweg einen Polster aus seiner Hülle und schüttelte soviel Reis wie nur hinein ging in den Überzieher. Sie hütete ihn wie ihren Augapfel. Auf der ganzen Flucht war der Sack Reis mit uns. Als wir im Juni 1945 nach Hause kamen und es nichts zu essen gab, waren wir sehr froh über unseren Reis.

Am nächsten Tag führte uns die Flucht nach Amstetten, wo wir in einen Autobus vollbesetzt mit Melker Flüchtlingen umsteigen konnten. Weiter ging unsere Flucht nach Westen. Nur nicht den Russen in die Hände fallen. Weil wir zwei Landser (deutsche Soldaten) im Bus hatten, mussten wir in ein Gefangenenlager der Amerikaner. Alle mussten aussteigen und hier erwies sich Leos Schulenglisch von großem Nutzen. Wir durften weiterfahren, die beiden Soldaten gingen in Gefangenschaft.

Die Nacht verbrachten wir im Bus. Ganz zeitig am nächsten Morgen versuchte Mutter, mit uns über die Demarkationslinie zu kommen. Auf der anderen Seite der Enns lag die amerikanische Armee, auf unserer Seite die russische. Doch die Grenzschranken blieben unten. Es gab auch für die Zivilbevölkerung kein bisschen Toleranz. Längst hatten sich die Alliierten über die Teilung der Beute geeinigt. Die Menschen und ihr Schicksal war ihnen ebenso egal wie es seinerzeit dem NS-Regime war. Deutsche Soldaten versuchten schwimmend das andere Ufer der Enns zu erreichen, um in amerikanische Kriegsgefangenschaft zu kommen. Da die Enns gerade Hochwasser führte, ertranken viele in den Fluten.

Nachdem meine Mutter eingesehen hatte, dass es keinen Sinn hatte mit den GIs zu verhandeln, beschloss sie, mit uns zu einem hochgelegenen Bauernhof zu gehen. Nur weg von der Strasse. Ich weiß nicht, wo der Hof lag, aber ich erinnere mich, dass er mir damals sehr groß vorkam. Auch andere Flüchtlinge hatte es hierher verschlagen. Meine Mutter kochte für alle - ob Bauersleute oder Flüchtlinge – es ging uns, den Umständen entsprechend, gut. Nur die Unsicherheit über das Schicksal meines Vaters bedrückte uns.

Es war ein warmer Sonntag. Das Gras stand schon sehr hoch. Alle Hausbewohner hielten Mittagsruhe vor dem Bauernhof. Doch die Ruhe täuschte. Plötzlich hörten wir Geräusche, da bog ein klappriges, dreckiges Vehikel um die Ecke. „Russen", rief der Bauer noch und da sprangen schon fünf Rotarmisten vom Wagen. In ihren verschmierten Uniformen sahen sie gar nicht vertrauenserweckend aus. Ihr Anführer fragte in gebrochenem Deutsch, ob sie sich ein wenig zu uns setzen dürften. Die Bäuerin brachte Most zu trinken. Uns vis-à-vis setzte sich ein Soldat nieder. Seine Augen hatten einen hinterhältigen Ausdruck. Immer wieder sah er Mutter an und flüsterte dann mit seinen Kameraden. Mutter wurde unruhig. Da erhob sich der russische Anführer, schlenderte beiläufig an uns vorbei und raunte meiner Muter zu: „Du Frau gehen, Kamerad nix gut". Zuerst schickte Mama Leo ins Haus, nach kurzer Zeit mich. Leo nahm mich in Empfang, er hatte mit Mutti etwas abgesprochen. Und dann kam auch schon Mama herein. „Schnell auf den Heuboden", kam das kurze Kommando. So schnell es ging kletterten wir die Leiter hinauf und Leo zog sie sofort hoch. Mit klopfenden Herzen saßen wir da. Mama legte, zum Zeichen, dass wir uns ruhig verhalten sollten, den Finger auf den Mund. Da hörten wir Schritte. Dann war es wieder still. Ganz so, als würde jemand etwas suchen. Wir wussten ganz genau, dass es der „Nix-gut-Kamerad" war. Plötzlich ein lauter Befehl, Schritte unter unserem Versteck und dann hörten wir das erlösende Geknatter des abfahrenden russischen Fahrzeuges. Als wir die Leiter herunterkletterten, war Mamas Gesicht schneeweiß. Jemand hob mich von der Leiter herunter und sagte zu meiner Mutter: „Das war jetzt knapp".

37 Die Soldaten der Roten Armee

Nach dieser glimpflich verlaufenen Situation zog unsere Mutter mit uns nach Ternberg. Dort konnten wir uns in einem Gasthof einmieten. Vom Fenster unseres Zimmers sah man den wunderschönen Marktplatz. Ein russischer Offizier hatte das Haus vis-à-vis in Beschlag genommen. Jeden Tag sahen wir zu, wie er sich rasierte. Seine Soldatenmütze hatte er dabei immer auf dem Kopf. Eines schönen Tages fand er, dass er seinen nackten Körper im Spiegel bewundern müsse. Er drehte und wendete sich. Uns war die Situation zwar peinlich, dennoch entbehrte sie nicht eines gewissen komischen Elements. Leo meint damals nur: „Die hom kan Spiegel daham." Unnötig zu erwähnen, dass unserer russischer Offizier auch dabei seine Kappe nicht abgelegt hatte.
Eigentlich waren die Soldaten der roten Armee nicht zu beneiden. Der Krieg hatte sie in einen Kulturkreis geführt, der auch vom Entwicklungsstand nicht der ihre war. So geriet ihre Begegnung mit Dingen, deren Handhabung für uns selbstverständlich war, oft zur Farce, über die man aber nicht lachen durfte.

Ein anderer Soldat der Roten Armee schob eines Tages ein Fahrrad über den Marktplatz. Dabei muss ihm der Gedanke gekommen sein, dass man sich auf diesen Ding auch fahrend und nicht schiebend fortbewegen konnte. Immer wieder stieg er auf und ebenso oft fiel wieder herunter. Den ganzen Tag versuchte er, seine Kreise zu ziehen. Irgendwann hatte er es dann doch geschafft. Von nun an kam er jeder Morgen über den Hauptplatz geradelt, mit stolzgeschwellter Brust: „Seht her, ich hab´

es dem Rad gezeigt". Schließlich muss man auch ein Pferd erst zureiten.

Wenn der Ausdruck vom Gewehr als Braut des Soldaten zutrifft, dann auf die Russen. Immer trugen sie ihre „Buschka" bei sich - schräg über den Körper gehängt, den Lauf vor der Brust. Auch unser russischer Soldat machte da keine Ausnahme. Damit konnte man sich besonders effektiv gegen die Errungenschaften des Westens zur Wehr setzen. In heroisch anmutender Pose radelte er eines Tages wieder über den Marktplatz. An diesem Tag dürfte er jemand um einen Wecker „erleichtert" haben. Just als er um die Ecke bog, begann der Wecker zu läuten. Zuerst wusste er das Geräusch nicht zu deuten, aber dann sprang er vom Rad herunter, riss den Wecker aus seiner Hosentasche und hüpfte wie verrückt um die klingende Uhr. Ein Feuerstoß aus der „Buschka" setzte dem Gebimmel und dem armen Wecker ein unrühmliches Ende.
Episoden mit Uhren und Rotarmisten gab es zu dieser Zeit unzählige. Viele hatten nie Uhren gesehen und wussten gar nicht, dass man sie aufziehen musste. Sie vermuteten, dass ein „Maschinist" im Inneren der Uhr für ihr Funktionieren verantwortlich wäre. Blieb eine Uhr stehen, musste auch der „Maschinist" in der Uhr Probleme haben. Beim Uhrmacher konnte man den „Maschinist" wieder reparieren oder austauschen.

38 Wir sind wieder daheim

Wir kamen am 7. Juni 1945 von unserer Flucht vor den Russen nach Melk zurück. Unsere Wohnung war leer. Bis auf das Mobiliar hatte man uns alles, was nicht niet- und nagelfest gewesen war, gestohlen. Selbst die Matratzen waren weg. Wir mussten auf dem blanken Boden schlafen, woher Mutter die Decken hatte, weiß ich nicht mehr.
Gleich nach unserer Ankunft rief ein Russe über den Nachbarszaun: „Frau da unten sagen, du haben Nähmaschine. Ich kommen und mitnehmen." Mutter war nicht einzuschüchtern und erwiderte ihm: „Frau da unten haben auch Nähmaschine, du sie zuerst mitnehmen". Nach langem Palaver zog er sich zurück. Wir behielten unsere Nähmaschine.

Da es nichts zu essen gab, mussten wir zu einem Bauern „Ruam-Schern" (Zuckerrüben vereinzeln) gehen, um unseren Lebensunterhalt zu bestreiten.

Jeden Tag in der Früh marschierten wir mit geschultertem Heindl (Haue) los. vorbei an einer Scheune mit vielen Russen, die dort ihre Pferde untergestellt hatten (Kasernen-Parkplatz neben der Autobahn), durch den Wald über Kupferschmied-Kreuz und Fürst-Kreuz zum Rübenfeld beim Windradlschuster. Für unser Tagwerk bekamen wir ein Mittagessen und abends ein wenig Milch und Brot. Als die Feldarbeit beendet war, mussten wir uns eine neue Beschäftigung suchen, um unseren Hunger zu stillen.

Inzwischen hatten sich in der Nachbarwohnung 58 Russen einquartiert: 56 Männer, zwei Frauen. Ich frage mich noch heute, wie so viele Menschen in einer etwa 60-m²-Wohnung Platz finden konnten. Mutter kam ganz gut zurecht mit ihnen. Da sie nähen konnte, hatte sie genug Arbeit. Jeder bat sie, etwas zu flicken, neue Hosen oder auch Kleider zu nähen. Dafür gab es Naturalien – vor allem Brot. Die Russen hatten im Mayreder-Stadl (heute Prinzlstraße 17) eine Bäckerei eingerichtet. Es ging uns wieder besser.
Trotz der nachbarschaftlichen „Harmonie" wurde unsere Wohnungstüre jeden Abend mit Tisch, Kastln und Brettern verbarrikadiert. Nie ließ sich meine Mutter etwas anmerken. Vielleicht hat sie mit meinem Bruder darüber gesprochen. Heute weiß ich, dass sie große Angst gehabt haben muss.

39 Die Familie ist wieder zusammen

Es war der 17. August 1945. An diesem Tag sollte Leo zu seinem 15. Geburtstag das schönste Geschenk der Welt erhalten.

Gegen 5 Uhr, es war gerade hell geworden, klopfte es an unserer Wohnungstür. Zunächst dachten wir Julia, die Russin von nebenan würde Mutter wie so oft mit ihrem freundlichen Spruch „Faule Sau, steh auf", wecken wollen. Da klopfte es wieder. In Hemden und Unterhosen - für Nachthemden fehlte der Stoff - standen wir völlig ratlos vor der Türe. Da hörten wir eine Stimme: „Ninschi, mach´ auf." Stille. Da wieder: „Ninschi, mach´ auf". Erst jetzt realisierte Mutti, dass ihr Mann vor der Türe stand. „Leo?", konnte sie gerade noch herausbringen, dann blieb sie wie angewurzelt stehen. Mein Bruder und ich räumten die Barrikade vor unserer Türe weg und dann lagen sich unsere Eltern in den Armen. Dann kamen wir Kinder dran. Leo war zunächst etwas verunsichert, aber ich kletterte an Vati hoch und drückte und küsste ihn. Unser Vati war aus dem Krieg zurückgekehrt.

Nun kehrte der normale Alltag in unsere kleine Familie ein. Wir mussten nicht mehr hungern, denn Vater arbeitete wieder in seinem angestammten Beruf als Dachdecker bei der Firma Felkl in Melk. Am Sonntag ging er, wie das in seinem Jargon hieß „Bauern jagen". Zeitig in der Früh packte er seine Siebensachen und „klapperte" alle Bauernhöfe rund um Melk ab. Mein Vater war bekannt dafür, dass er sein Handwerk verstand und sehr geschickt und fleißig war. In den kommenden Monaten hatte er alle Hände voll zu tun, beschädigte

Dächer zu reparieren. Heute würde man sagen: Er ging pfuschen. Jedes Mal, wenn er wieder heimkam, war sein Rucksack voll mit Lebensmitteln.

Wie jedes ehemalige Mitglied der NSDAP wurde auch er manchmal an Sonntagen zum „Dienst an der Gesellschaft" eingeteilt. Er musste dann Straßen kehren. Andere haben den Melker Kasernberg gepflastert. Eines Tages kam Vater nach Hause und sagte zu meiner Mutter: „Wenn die großen Nazi-Schädeln nichts tun, dann mach´ ich auch nichts mehr." Er hat es dann auch gehalten. Was genau passiert ist, darüber hat unsere Elterngeneration Stillschweigen bewahrt. Später einmal hat mir meine Mutter erzählt, dass Vater ein „klärendes Gespräch" mit einem hochgestellten sozialistischen Parteifreund hatte, der auch während des Krieges einen einflussreichen Posten bekleidet hatte. Von da an musste er nicht mehr Straßenkehren.

Solche Ungerechtigkeiten haben den Gerechtigkeitssinn meines Vaters tief erschüttert. Als am Kronbichl Baugründe verkauft wurden, durfte mein Vater - so hat er mir später erzählt - keinen erwerben, weil er bei der NSADP war. Von dieser Zeit hat sich mein Vater, der ein sehr geselliger Mensch war, aus dem Gesellschaftsleben der Stadt, die er so geliebt hatte, zurückgezogen.

Entlassungspapiere – der Krieg ist endlich aus

40 Die Reithners

Der Krieg hat unendliches Leid über die Menschen gebracht. Familien wurden auseinandergerissen, Menschenschicksale zerstört. Meine Familie hatte viel Glück. Bis auf Onkel Willi, der in Stalingrad vermisst ist, sind alle Männer aus dem Krieg zurückgekehrt.

Besonders schlimm hat das Schicksal die Familie Reithner getroffen. Dass mir das sehr nahe gegangen ist, hat einen einfachen Grund: Der Hof der Reithners auf der Hub war während des Krieges unser zweites Zuhause. Der Bauer war ein Schulfreund meines Großvaters. Die Probleme der Kriegszeit brachten die Menschen näher zusammen. Oft saß Mutti mit dem Ehepaar Reithner zusammen und sie beredeten die Lage.

Die älteren Kinder der Reithners hätten meine Eltern sein können. Deshalb war ich besonders stolz, dass ich zu allen fünf „du" sagen durfte. Die beiden ältesten Söhne, Hans und Toni, waren schon eingerückt.
Hans war bereits verheiratet und hatte ein kleines Mäderl. Er ist seit 1944 in Russland vermisst.
Toni, der Flieger in der Legion Condor, war ein richtiger Feschak. Für seine mehr als 100 Feindflüge war er mit dem EK I und den Frontflugspangen in Bronze, Silber und Gold ausgezeichnet worden. Sein Fliegerdolch baumelte an seinem Gürtel, wenn er schneidigen Schrittes durch die Stadt ging. Er war besonders freundlich zu Leo und mir. Er kam am 30. März 1942 von einem Einsatz nicht mehr zurück.
Sepperl, etwas älter als Leo, kannte kein schöneres Vergnügen als mit dem Luftdruckgewehr zu schießen.

Als Ziel diente uns alles, Blätter, Blechplättchen, Glasscherben...Wenn er mich hochhob und sagte: „Du wirst einmal meine Bäuerin", war ich im siebenten Himmel. Sepperl war Flakhelfer und starb im März 1945 in Danzig an einer Verwundung am Knie.

Marie war Lehrerin und Sekretärin bei Hugo Jury, dem Gauleiter von Niederdonau. Sie wohnte in Wien und flüchtete im April 1945 zu ihren Eltern. Als die Russen kamen, hat irgendjemand verraten, dass sie Sekretärin bei Jury war. Die Russen haben sie abgeholt und niemand wusste etwas über ihr Schicksal. Mehr als eine Woche klapperte ihr Vater alle Kommandanturen im Umkreis ab, um über den Verbleib seiner Tochter zu erfahren. Dann fand er sie - tot - erschossen, nahe bei seinem Haus in einem Kornfeld. Weil man ihr ein Begräbnis in geweihter Erde verweigerte, hat Herr Reithner sie in ein Leintuch gewickelt und in seinem Garten begraben. Als er meiner Mutter davon erzählte, weinte er bitterlich. Jahre später verweigerte er die von den Behörden angeordnete Exhumierung. „Zuerst wollten sie meine Marie nicht, und jetzt gebe ich sie nicht mehr her", beklagte er sich bei meiner Mutter.
So liegt die Reithner Marie noch immer im Garten ihres Elternhauses begraben.

*Josef „Sepperl" Reithner war Flakhelfer in Danzig.
Er war noch keine 20 Jahre alt, als er starb*